Roland Werner (Hrsg.)

What would Jesus do?
Mitarbeiterhandbuch

W0191909

ONCKEN VERLAG WUPPERTAL UND KASSEL

Die amerikanische Originalausgabe erschien
unter dem Titel »WWJD Leader's Guide: 6 complete youth meetings
that guide students through the WWJD spiritual challenge journal«
bei Zondervan Publishing House, Grand Rapids, Michigan

© 1997 by Youth Specialities, Inc.

Deutsch von Renate Graßl und Dorothee Dziewas

Die Bibelzitate wurden der Übersetzung »Hoffnung für alle«
(Brunnen Verlag Basel und Gießen) entnommen.
Copyright © 1983, 1996 by International Bible Society.

© 1999 der deutschen Ausgabe:
Oncken Verlag Wuppertal und Kassel
Umschlaggestaltung: Dietmar Reichert, Dormagen
Gesamtherstellung: Breklumer Druckerei Manfred Siegel KG
ISBN: 3-7893-7552-7
Bestell-Nr. 627 552

INHALT

VORWORT

Das ist ein heißes Paket, das du in den Händen hältst. Eine geballte Ladung Jesus-Nachfolge, Marke »Abenteuer für den Alltag«. Ich wünsche dir als Mitarbeiter oder Leiter, dass du selbst neu angesteckt wirst von der Begeisterung, die entsteht, wenn Jesus in der Nähe ist. Und dass die Jugendlichen, mit denen du arbeitest, echte und tiefe Erfahrungen mit dem lebendigen Jesus machen. Was würde Jesus tun? – das ist die Frage, die es in sich hat.

Man kann sie so oder so hören.

So: *gesetzlich* oder *depressiv, einengend* oder *niederdrückend.*

Oder auch so: *befreiend* und *inspirierend, wegweisend* und *zielgerichtet.*

Was würde Jesus tun? Auf jeden Fall würde er dabei sein, wenn junge Leute in seinem Namen etwas anpacken. Dazu soll dieses Handbuch helfen. Das soll die W.W.J.D.-Bewegung fördern.

Deshalb lade ich dich ein, nicht nur Hörer, sondern Täter zu sein. Nicht nur mit dem Kopf zu nicken, sondern anzupacken.

In diesem Sinne, herzlich   Roland Werner

Bevor es losgeht

Was du jetzt in der Hand hältst, ist ein Reihe von sechs Einheiten (d.h. sechs Treffen), mit denen du deinen Teens helfen kannst zu begreifen, was es bedeutet, sich bei wichtigen Themen und Entscheidungen die zu Frage stellen: »Was würde Jesus tun?« – und es dann auch zu tun! Es ist eine geistliche Herausforderung und ein ganz praktisches Experiment.

Die Anleitung für dieses »30-Tage-Experiment für Teens« gibt es in Mike Yaconellis Buch »What would Jesus do? – Fragen, was Jesus will«. Die Treffen, für die du hier das Material findest, sind so angelegt, dass sie einmal die Woche das unterstützen und ergänzen, was die Teens während dieser 30 Tage lesen und erleben.

Das erste Treffen soll dabei die Motivation erhöhen und grundsätzliche Fragen klären. Dann folgen vier Treffen, die sich auf die 30 Tage verteilen, und zum Schluss gibt es eine abschließende Einheit, die dazu dient, die Erfahrungen zusammenzufassen und sich darüber Gedanken zu machen, was »danach« passiert.

Am Anfang jeder Einheit findest du ein paar Gedanken zum Thema, die sind für dich als eine kurze Einführung gedacht. Dann solltest du den weiteren Verlauf des Treffens einmal komplett durchgehen – wenn ihr ein Mitarbeiterteam seid, natürlich mit den anderen zusammen –, wobei du entscheidest, welche Teile du mit den Jugendlichen machen willst (oder kannst) und welche nicht. Alles könnt ihr sicher aus Zeitgründen nicht machen, und nicht alles wird vielleicht für deine Gruppe gleich gut geeignet sein. Manches wirst du eventuell auch als Anregung übernehmen, aber anders aufziehen. Alle sechs Entwürfe sind aber so ausgeführt, dass du sie auch einfach nehmen kannst, wie sie dastehen.

Zu fast allen Einheiten gibt es einen Musik-Tipp und einen Vorschlag, was du mit dem Song machen kannst. Alle diese Songs sind auf der CD »What would Jesus do« (Forefront/Alliance), die du in jeder Buchhandlung bestellen kannst. Die englischen Originaltexte sind hier übrigens ebenso abgedruckt wie eine deutsche Übersetzung. Du kannst die Lieder natürlich auch weglassen, aber die Jugendlichen werden es dir danken, wenn du das Geld investierst!

Am Ende jeder Einheit findest du übrigens die Kopiervorlagen für die jeweiligen Themenblätter mit Bibeltexten, Fragen, Liedtexten etc. Die darfst du in der benötigten Menge auch für deine Gruppe kopieren.

So viel zu den technischen Details – jetzt geht es aber los mit dem geistlichen Experiment, das das Leben der Jugendlichen in deiner Gruppe (und deins!) ziemlich radikal verändern kann!

1. Treffen

W W J D

Das Abenteuer beginnt

Matthäus 22,35-40

Ein Schriftgelehrter fragte ihn: »Herr, welches ist das wichtigste Gebot im Gesetz Gottes?« Jesus antwortete ihm: »›Liebe Gott, den Herrn, von ganzem Herzen, mit ganzer Hingabe und mit deinem ganzen Verstand!‹ Das ist das erste und wichtigste Gebot. Ebenso wichtig ist aber das zweite: ›Liebe deinen Mitmenschen, so wie du dich selber liebst.‹ Alle anderen Gebote und alle Forderungen der Propheten sind in diesen Geboten enthalten.«

Bei diesem ersten Treffen geht es darum, das »What would Jesus do?«-Experiment anzustoßen. Und es gibt wohl nichts Besseres für den Start als eine lebhafte Erinnerung daran, dass Jesus während dieses 30-Tage-Abenteuers wahrscheinlich ziemlich unberechenbar sein wird. Schließlich kannst du Jesus nicht in eine Schublade stecken, du kannst ihn nicht einsperren und du weißt nie genau, was er in deinem Leben als Nächstes tun wird. Aber das Motiv hinter allem ist Liebe – ausgedrückt mit Worten, die praktisch alle Kulturen (direkt oder indirekt) verändert haben, seit Gott sie das erste Mal zu Israel sagte und Jesus sie später wiederholte:

Liebe Gott, deinen Herrn, von ganzem Herzen, mit ganzer Hingabe und mit deinem ganzen Verstand … und deinen Mitmenschen, so wie du dich selbst liebst.

Schritt für Schritt

Such dir drei oder vier Teens aus deiner Gruppe, die jeweils eine Anleitung für verschiedene praktische Dinge geben (damit's gut rüberkommt, solltet ihr diese Aktion ein oder zwei Tage vorher zusammen vorbereiten), z. B. wie man einen Autoreifen wechselt, wie man mit Jonglier-Bällen umgeht, bei einem anderen Erste Hilfe leistet usw. Wenn ihr »echte« Werkzeuge dazu benutzt, wirkt es noch besser. Jeder erklärt dabei Schritt für Schritt, was er oder sie gerade tut – und das Ganze so einfach wie möglich.

Wenn deine Helfer mit ihrer Vorführung fertig sind, fordere die anderen auf, weitere Beispiele in der Art zu sammeln. Bring die Jugendlichen auf eigene Gedanken, indem du erst einmal selbst ein paar Sachen nennst, z.B.:

● Wie startet man ein Auto nach der Betriebsanleitung?
● Was macht man, um einen Pickel loszuwerden?
● Wie kocht man ein Ei?

Dann sag (dem Sinn nach):

Es gibt jede Menge Schritt-für-Schritt-Anleitungen für alle möglichen Dinge im Leben. Aber wenn es um die wirklich wichtigen Dinge geht, müssen wir uns anscheinend ohne Hilfe durchschlagen. Zum Beispiel:

- **Wie geh ich mit einer Beziehung um, wenn ich merke, dass der gute Freund bzw. die gute Freundin »mehr« will?**
- **Was kann ich gegen Konflikte zwischen Ausländern und Deutschen in der Schule tun?**
- **Was kann ich tun, wenn mein Vater seinen Job verloren hat und die Stimmung zu Hause ätzend ist?**

Wenn die Jugendlichen ein paar Minuten diskutiert haben, erkläre ihnen, dass sie in den nächsten dreißig Tagen eine Anleitung ausprobieren können, wie man mit den richtig schwierigen Situationen im Leben fertig wird. Diese Anleitung umfasst nur einen Schritt und der besteht darin, sich zu fragen: »Was würde Jesus tun?«

Ein Abend voller Überraschungen

Ein Hauptthema dieses ersten Treffens ist ja die Unberechenbarkeit von Jesus. Warum also nicht den ganzen Abend mit unerwarteten Dingen gestalten? Du kannst mit harmlosen Überraschungen anfangen wie denen, die hier vorgeschlagen sind, aber du kannst dir auch abgedrehtere ausdenken – der Phantasie sind keine Grenzen gesetzt!

- *Überraschungs-Snack*

Stell nicht wie sonst Kekse, Chips oder Salzstangen auf die Tische, sondern z.B. Müsli.

- *Überraschungs-Outfit*

Wenn du sonst immer mit Jeans und Sweatshirt rumläufst,

komm stattdessen doch mal mit Anzug und Krawatte oder im eleganten schwarzen Kleid.

● **Überraschungsaktionen**

Unterbrich zwischendurch ganz plötzlich die Gespräche und bau ein paar Dehnübungen, Aerobic-Einlagen oder eine Runde Joggen um das Gemeindehaus ein. Anschließend mach einfach da weiter, wo ihr aufgehört habt, als wäre nichts geschehen.

● **Überraschungsgäste**

Bitte vorher den Pastor für ein paar Minuten vorbeizukommen, vielleicht nur um die Bibelstelle aus Matthäus 22 (siehe oben) vorzulesen. Oder lass einen »Ehemaligen« plötzlich mit etwas zu trinken auftauchen – der könnte dann z.B. auch eine der oben erwähnten sportlichen Übungen mit den Kids machen.

Das Unerwartete erwarten

»Propheten«-Spiel

Wenn eure Gruppe nicht sehr groß ist und ihr euch gut kennt, ist dieses Spiel das Richtige für euch: Gib jedem der Teens einen Zettel oder eine Karteikarte, bevor ihr mit dem eigentlichen Programm anfangt. Lass sie fünf Dinge aufschreiben, von denen sie meinen, dass die anderen in der Gruppe sie im Laufe des Treffens tun oder sagen werden. Sag ihnen, dass diese Voraussagen ziemlich genau sein müssen, sonst zählen sie nicht.

- *»Ich sage voraus, dass wir während der Jugendstunde beten.« – So ein Satz ist zu allgemein, also gilt er nicht.*
- *»Ich sage voraus, dass Mark sein Gebet mit ›Lieber Vater im Himmel‹ anfängt.« – Das ist ziemlich konkret und wird gewertet.*

Weitere mögliche Aussagen wären zum Beispiel:

- *»Ich sage voraus, dass Anne mindestens einmal etwas von ihrer Katze erzählt.«*
- *»Ich sage voraus, dass Daniel der Erste ist, der sich auf das Knabberzeug stürzt.«*

Jedes Mal, wenn während des Treffens eine der aufgeschriebenen Voraussagen eintrifft, ruft der- oder diejenige, die sie gemacht haben laut: »In Erfüllung gegangen!«, oder: »Ha, ich bin ein Prophet!« (oder was immer ihr vorher vereinbart habt). Nachdem du nachgeguckt hast, ob es stimmt, bekommt er oder sie einen Punkt. Am Ende des Abends oder Nachmittags gibt es für die Person mit den meisten Punkten einen Preis.

Dieses Spiel ist eine gute Gelegenheit um sich gegenseitig ein bisschen auf den Arm zu nehmen, aber auch um den anderen ein positives Feedback zu geben. Außerdem kannst du damit gut verdeutlichen, wie voraussagbar vieles von dem ist, was wir tun – ganz im Gegensatz zu den oft total überraschenden Reaktionen von Jesus.

Fang mit einem Gespräch von fünf bis zehn Minuten an. Sprecht darüber, wie das, was Jesus getan hat – und das immerhin vor fast 2000 Jahren! –, für unsere heutige High-Tech-Welt mit ihren komplizierten Problemen noch Bedeutung haben kann. Frag die Jugendlichen, was sie glauben, wie Jesus ausgesehen und sich verhalten hat. Dabei werden bestimmt auch ein paar Klischees genannt, z.B. dass er immer in Weiß rumgelaufen ist, schulterlange Haare hatte, immer zu allen freundlich war und so.

Lies anschließend den folgenden Abschnitt aus dem Buch von Mike Yaconelli: *What would Jesus do? – Fragen, was Jesus will* vor.

Jesus tat immer das Unerwartete:

Jesus berührte die Lepra-Kranken, vor denen alle anderen Reißaus nahmen. Er war immer mit Leuten zusammen, von denen er sich eigentlich hätte fern halten sollen – Betrüger, Kinder, Prostituierte, Samariter (die Ausländer von damals!). Er legte kein fromm korrektes Benehmen an den Tag – im Gegenteil, die religiösen Führer waren ständig sauer auf ihn. Auch politisch verhielt er sich nie angepasst.

Überhaupt war er keiner, der anderen nach dem Munde redete. Die Leute seiner Zeit sagten, Gewinnen sei das Wichtigste. Er erwiderte, wer gewinnen wolle, müsse verlieren. »Lebe, solange du kannst!«, riefen sie. Aber er lachte und sagte: »Wer leben will, muss bereit sein zu sterben.« Fast immer, wenn Jesus sprach, war die Reaktion seiner Zuhörer ein ratloses »Hä?«

Wenn du dir die Frage stellst: »Was würde Jesus tun?«, dann halte dir seine überraschenden Antworten vor Augen. Jesus dachte anders als alle anderen Menschen. Lass deine Gedanken nicht von anderen einschränken – das hat Jesus nämlich auch nicht getan.

Teile das Quiz *Geschichten von unerwarteten Dingen* (die Vorlage dafür findest du auf den Seiten 20 bis 23) aus und lass die Kids jeweils zu zweit die ihrer Meinung nach richtigen Antworten ankreuzen. Mehr als ein paar Minuten braucht ihr dazu nicht, dann kann jedes Rateteam seine Antworten vorlesen und die Ergebnisse mit denen der anderen vergleichen.

Auflösung

*Hier ist die Auflösung zu **Geschichten von unerwarteten Dingen** (Seite 20 bis 23): 1c, 2a, 3a, 4b, 5d, 6d, 7a, 8b, 9b, 10a*

Gib den Teens anschließend die Chance, auf diese »Jesus-Fakten« zu reagieren, manche davon sind vielleicht völlig neu für sie. Wenn die folgende Frage nicht irgendwann von einer oder einem aus der Gruppe kommt, stell du sie:

Wie kann heute irgendjemand die Frage »Was würde Jesus tun?« beantworten, wenn Jesus selbst immer das getan hat, was keiner erwartet hat?

All you need is love?

Kopier vor dem Treffen die Fragen zu Matthäus 22,35-40 (sie stehen auf Seite 24) einmal und zerschneide das Blatt dann in sechs Streifen.

Teil die Jugendlichen kurz in Gruppen von drei bis vier Leuten ein und stell jeder Gruppe die gleiche Aufgabe:

Umschreibt in einem Satz die Lebensphilosophie von Jesus, also wie er das Leben sieht!

Klar, dass es bei diesen Zusammenfassungen nicht auf theologische Genauigkeit ankommt – Sinn der Übung ist, dass du einen Eindruck davon bekommst, wie die Jugendlichen in deiner Gruppe Jesus und das, was er lehrt, wahrnehmen und beurteilen. (Unter Umständen wirst du dich wundern, was für echt tiefe Erkenntnisse dabei herauskommen!)

Trommel nach ein paar Minuten alle wieder zusammen und dann tauscht die Ergebnisse aus.

Schließ diesen Teil ab, indem du etwas sagst wie:

Wusstet ihr, dass Jesus selbst mal gebeten wurde, seine Lehre zusammenzufassen? Seine Antwort in Matthäus 22,35-40 ist ein guter Ausgangspunkt für jeden, der sich fragt: »Was würde Jesus tun?« – in dieser oder jener Situation.

Lass einen von den Teens den Text in Matthäus 22,35-40 vorlesen und verteil anschließend die Fragenschnipsel (siehe Kästchen oben) an die Gruppen, die ihr für die letzte Frage eingeteilt hattet.

Während die einzelnen Gruppen ihre Antworten zusammentragen, ist es sinnvoll, die Äußerungen für alle sichtbar aufzuschreiben (auf einer Tafel, einem Overhead-Projektor, einer Wandzeitung o.ä.) – besonders diejenigen, die etwas darüber aussagen, wie sich Menschen verhalten (sollen), die Gott und ihren Mitmenschen lieben. Diese Aussagen können später hilfreich sein, wenn die Teens überlegen, was Jesus in bestimmten Situationen tun würde und was nicht.

Übung macht den Meister

In der nächsten Woche fangen die Jugendlichen damit an, sich 30 Tage lang immer wieder die Frage zu stellen, was Jesus tun würde – und sich auch entsprechend zu verhalten. Also wäre jetzt eine gute Gelegenheit, mal ein paar »Trockenübungen« zu machen. Ausgangspunkt dafür ist ein kleines Rollenspiel anhand der beiden folgenden Szenen. (Natürlich kannst du männliche und weibliche Rollen auch tauschen, ganz wie es sich ergibt!)

Such dir acht Freiwillige und gib jeweils zwei Leuten eine der beiden Situationen zum Nachspielen. Jede Szene soll also zweimal gespielt werden, von verschiedenen Paaren und mit unterschiedlichem Ende. So sollen die Schauspieler beim ersten Mal zeigen, wie Jesus nicht reagieren würde, bei der Wiederholung dann überlegen, was er tatsächlich tun würde.

Szene 1

Die Nervensäge

Jana ist Christin und in der Jugend ihrer Gemeinde aktiv. Einmal im Jahr veranstaltet die Gruppe einen Open-Air-Jugendgottesdienst auf dem Marktplatz. Jana ist wie jedes Jahr mit dabei, und diesmal hat sie sich freiwillig gemeldet und vor allen Leuten erzählt, wie wichtig Jesus für sie ist.

Ihre Klassenkameradin Mira hält nichts von »dem ganzen religiösen Kram« und macht sich oft über Jana lustig. Am Tag nach dem Gottesdienst ruft sie ihr quer über den Schulhof zu: »Na, macht dir das Spaß, dich vor allen Leuten zum Affen zu machen?«, und: »Hast du auch für mich gebetet?«

Szene 2

Undank ist der Welt Lohn

Jens ist 15 und Christ. Jede Woche hilft er Herrn Busch, einem älteren Nachbarn, unentgeltlich bei der Gartenarbeit. Aber egal, wie gründlich Jens arbeitet, Herr Busch ist nie zufrieden und meckert, dass es nicht ordentlich genug sei. Meist kümmert er sich nicht um die schlechte Laune des alten Mannes, aber heute ist Herr Busch besonders unausstehlich und Jens ist total genervt.

Zum Schluss dieses ersten Treffens solltest du deinen Teens noch mal richtig Mut machen, das 30-Tage-Experiment anzupacken. Erinnere sie daran, dass der Vers aus Matthäus 22,35-40 (Liebe Gott von ganzem Herzen ... und deinen Nächsten wie dich selbst) ein guter Anhaltspunkt ist, wenn es darum geht, die Frage zu beantworten: »Was würde Jesus tun?«

Musiktipp

*Der Song **Only Natural** von Steven Curtis Chapman passt gut zu diesem ersten Treffen. Er ist auf der WWJD-CD, und den Text mit Übersetzung findest du auf Seite 25 und 26 dieses Buches. (Es ist übrigens rechtlich kein Problem, für jeden in der Gruppe eine Kopie zu machen, falls du da Bedenken hast!)*

Hier noch zwei Anregungen, worüber ihr anhand des Songtextes sprechen könnt:

● *Was sagt der Text über Gottes Gnade und darüber, wie sie uns hilft, uns richtig zu verhalten? Der Heilige Geist will uns die Kraft geben, nicht aus dem Bauch heraus zu handeln, sondern danach zu fragen, was Jesus tun würde.*

● *Was hält uns davon ab, zuerst an andere zu denken, so wie Jesus es tat? Wie können wir unsere Haltung ändern?*

Geschichten von
unerwarteten Dingen

»Was würde Jesus tun?« ist eine ganz schön wichtige Frage, wenn man sie sich in jeder Alltagssituation stellt – vorausgesetzt, wir kennen auch die Antwort. Selbst wenn du meinst, du kennst Jesus ziemlich gut, ist die Chance groß, dass er dich zwischendurch überrascht. Tatsächlich ist Jesus ein ziemlich unberechenbarer Typ. Das meiste, was er in seiner Zeit auf der Erde gesagt und getan hat, war eher unerwartet, um es vorsichtig auszudrücken.

Schwer zu glauben? Dann beantwortet die folgenden Fragen und seht mal, wie gut ihr Jesus wirklich kennt.

1. Was tat Jesus, als er hörte, dass Johannes der Täufer enthauptet wurde? (Matthäus 14,1-13)

a. Er setzte den Kopf des Täufers wieder an und befahl Johannes aus dem Grab herauszukommen.

b. Er rief die Jünger des Johannes auf, ihm nachzufolgen.

c. Er fuhr eine Zeit lang ganz allein in einem Boot hinaus.

d. Er tröstete Elisabeth und Zacharias, die Eltern von Johannes.

2. Was sagte Jesus, als die kanaanitische Frau ihn um Hilfe bat? (Matthäus 15,21-28)

a. »Ich bin nur für die verlorenen Schafe Israels da.«

b. »Folge mir nach und du wirst ewiges Leben haben.«

c. »Hab keine Angst! Ich habe die Welt überwunden.«

d. »Du weißt nicht, was du von mir verlangst.«

3. Warum verfluchte Jesus einen Feigenbaum, so dass dieser verdorrte? (Matthäus 21,18-22)

a. Er hatte Hunger, und der Baum trug keine Früchte.

b. Er wusste, dass Judas Ischariot sich an diesem Baum erhängen würde, nachdem er Jesus verraten hatte.

c. Er war mit seinem neuen Gewand an einem Ast hängen geblieben und hatte sich ein Loch hineingerissen.

d. Er bewies den Pharisäern, dass seine Macht von Gott kam.

4. Worum bat Jesus Gott in der Nacht, in der er verhaftet wurde? (Matthäus 26,36-45)

a. Seine Jünger vor dem Schicksal zu bewahren, das ihn erwartete.

b. Sich eine andere Lösung zu überlegen, wie die Welt gerettet werden kann – eine, für die sein Tod durch Kreuzigung nicht nötig sein würde.

c. Alle zu segnen, die ihm nach seinem Tod nachfolgen würden.

d. Ihm Kraft zu geben, sein Kreuz nach Golgatha zu tragen.

5. Wie reagierte Jesus auf die falschen Anschuldigungen des Hohepriesters während des Verhörs vor Pilatus? (Markus 15,1-3)

a. Er erklärte den römischen Beamten und den jüdischen Führern ausführlich, dass er der Sohn Gottes sei und gesandt worden sei, um die Menschheit zu retten. Dann belegte er diese Behauptung mit Zitaten aus dem Alten Testament.

b. Er erzürnte seine Ankläger mit der ständigen Gegenfrage: »Ich kenne euch, aber wisst ihr, wer ich bin?«

c. Er beantwortete Fragen einfach mit Ja oder Nein.

d. Er hielt während des gesamten Verhörs den Mund.

6. Was sagte Jesus zu dem Mann, der erst noch seinen Vater beerdigen wollte, bevor er ihm nachfolgte? (Lukas 9,59-60)

a. Er lobte den Mann wegen seines tollen Glaubens.

b. Er stellte ihn als Beispiel hin, wie man Vater und Mutter ehren soll.

c. Er bedauerte ihn, weil sein Vater gestorben war.

d. Er sagte ihm, dass jemand anders sich um den Toten kümmern solle.

7. Was tat Jesus, als er den Tempel kurz vor dem Passafest betrat? (Johannes 2,13-17)

a. Er rastete völlig aus, schwang eine Peitsche über den Köpfen der Leute und stieß absichtlich Tische um.

b. Er ergaunerte von einem Geldwechsler Geld, mit dem Petrus dann die Steuern für die Jünger bezahlen konnte.

c. Er versetzte die Pharisäer in Erstaunen, indem er das Buch Jesaja auslegte, das nur die schlauesten Religionslehrer verstanden.

d. Er verfluchte die Menschen, die Gott immer noch in einem von Menschen errichteten Tempel anbeteten.

8. Was tat Jesus, als die Pharisäer ihm eine Frau vorführten, die beim Ehebruch ertappt worden war? (Johannes 8,1-11)

a. Er warf einen Stein auf die Frau und verfehlte nur knapp ihren Kopf.

b. Er malte im Staub auf dem Boden herum, bis alle gegangen waren.

c. Er versicherte den Pharisäern, dass die Sünden der Frau im Himmel verurteilt würden.

d. Er erklärte vor versammelter Mannschaft, dass der Hauptankläger der Frau genau derjenige sei, mit dem sie eine Affäre gehabt hatte.

9. Als Jesus hörte, dass sein Freund Lazarus krank sei, da … (Johannes 11,1-17)

a. … heilte er ihn, indem er einfach zu Lazarus' Dienern sagte: »Geht nach Hause, euer Herr ist gesund.«

b. … ließ er Lazarus sterben, ohne dass er auch nur *versucht* hätte, ihn zu heilen.

c. … meldete er Lazarus im Tempel, wo er arbeitete, krank.

d. … widersprach er den Boten und erklärte, nur Lazarus' Seele sei krank, nicht sein Körper.

10. Was tat Jesus, als er die Menschen sah, die um Lazarus weinten? (Johannes 11, 17-37)

a. Er bekam selbst feuchte Augen.

b. Er sagte: »Seid nicht traurig. Der Mann, um den ihr weint, ist nicht tot, er schläft nur.«

c. Er gab allen 5000 Leuten zu essen mit nur zwei Fischen und fünf Broten.

d. Er versammelte alle am Fuß eines Berges und hielt dort seine berühmte Bergpredigt.

Fragen zu Matthäus 22,35-40

---

1. Worin liegt der Unterschied: Jesus nur halbherzig zu lieben oder von ganzem Herzen, mit ganzer Seele und ganzem Verstand?

---

2. Wie sieht das aus, wenn jemand Gott von ganzem Herzen, mit ganzer Seele und ganzem Verstand liebt? Beschreibt diesen Menschen: Wie verhält er sich? Was tut er? Was würde er nicht tun?

---

3. Wie würde jemand, der Gott von ganzem Herzen, mit ganzer Seele und ganzem Verstand liebt, an deiner Schule behandelt werden? Warum?

---

4. Stell dir den unsympathischsten, unfreundlichsten Menschen der Welt vor. Was würde es bedeuten, ihn so zu lieben wie dich selbst?

---

5. Wie würde jemand sein, der seinen Nächsten so liebt wie sich selbst? Wie verhält er sich? Was tut er? Was würde er nicht tun?

---

6. Wie würde jemand, der seinen Nächsten so liebt wie sich selbst, an deiner Schule behandelt? Warum?

Only Natural

(Stephen Curtis Chapman)
Mirror, mirror on the wall
Who's the biggest fool of all
You don't have to answer me
'Cause when I look at you I see
A prisoner set free from his chains
Acting like he's still a slave
To the prison he's been set free from
You may say it's only natural for me to act this way
Well I know it's only natural
But I have not been made …

Refrain
Only natural, only natural
I've got the Spirit of the living God alive in me
Giving me power so I don't have to be
Only natural, only natural

So mirror, mirror look again
You've seen the fool that I have been
But did you see the grace that covers me
Not to do anything I please
In fact, grace is the only thing
That makes me what I am not naturally
Its supernatural power brings life out of the grave
It gives sight to the blind man
And it will not let me stay …

Refrain
Only natural, only natural (etc.)

Ganz natürlich

Spieglein, Spieglein an der Wand
Wer ist der größte Narr im Land
Du brauchst mir nicht zu antworten
Denn wenn ich in dich hineinsehe, sehe ich
Einen Gefangenen, der von seinen Ketten befreit ist
Und sich immer noch wie ein Sklave verhält,
Sklave des Gefängnisses, aus dem er befreit wurde
Man kann sagen, es sei doch ganz natürlich
für mich so zu handeln
Klar, ich weiß, dass es natürlich ist
Aber ich bin eben nicht nur …

Refrain
Ganz natürlich, ganz natürlich
Denn in mir lebt der Geist des lebendigen Gottes
Der mir Kraft gibt, und durch sie muss ich so nicht sein:
Ganz natürlich, ganz natürlich

Also, Spieglein, schau noch mal hin
Du hast gesehen, was für ein Narr ich war
Aber hast du auch die Gnade gesehen, die auf mir liegt
Nicht das zu tun, was ich will
Genau genommen ist die Gnade das Einzige
Das mich zu dem macht, was ich nicht von Natur aus bin
Ihre übernatürliche Kraft lässt Leben aus dem Grab erstehen
Sie gibt dem Blinden das Augenlicht wieder
Und weil sie es nicht zulässt, bleibe ich nicht …

Refrain
Ganz natürlich, ganz natürlich (usw.)

2. Treffen

Nur keine Angst?

Video-Interviews

Such dir vorher ein paar zuverlässige Jugendliche, denen du eine Videokamera in die Hand drücken kannst. (Wenn ihr in eurer Gemeinde keine Kamera habt, versuch mal in der Schule eine auszuleihen. Oder vielleicht kennst du jemanden, der privat so ein Ding besitzt. Wenn nicht, tut es auch ein Kassettenrekorder.) Schick sie los und lass sie Leuten auf der Straße die folgende Frage stellen: »Was ist das Furcht erregendste, was Ihnen je passiert ist?« Das Ziel ist, so viele verschiedene Antworten zu sammeln wie möglich.

Lass sie hinterher die besten Teile zusammenschneiden (du kannst ihnen ja mit der Technik helfen, falls es nötig sein sollte), so dass ihr beim Treffen ein Top-Video zeigen könnt.

Vielleicht gibt es die Unschuld der Kinder noch, aber sie scheint irgendwie seltener geworden zu sein. Und die Kindheit wird immer kürzer. Es gibt natürlich jede Menge Gründe dafür – die Wahrscheinlichkeit, dass ein Jugendlicher nicht in einer intakten Familie aufwächst, steigt ständig; die kommende Generation wird zum ersten Mal seit langem nicht einen höheren Lebensstandard erwarten können als ihre Eltern; die Medien liefern uns ein Bild einer Welt, die von Tag zu Tag hoffnungsloser und bösartiger zu werden scheint.

Trotzdem ist unser Zeitalter nicht das erste, das von vielen Ängsten überschattet wird. Der Gott, der die Juden in Jahren der Gefangenschaft erhalten und die ersten Christen in Zeiten der Verfolgung bewahrt hat – der Gott, der Leid und Schmerz kennt, weil er in Christus Mensch geworden ist, und daher den schmerzlichen Weg zusammen mit uns geht, egal, ob es sich um ein kaputtes Auto, einen kaputten Traum oder um eine kaputte Familie handelt – dieser Gott schafft es irgendwie uns Frieden statt Angst zu geben, trotz aller Furcht erregenden Dinge um uns herum.

Gruselkabinett

Da es diesmal um das Thema »Angst« geht, ist der beste Einstieg, die Leute in der Gruppe ein bisschen in Panik zu versetzen. Nein, keine Sorge, du sollst den Teens nicht damit drohen, dass du den nächsten Abend mit Volksmusik untermalen wirst. Das geht auch prima mit einem Spiel.

Alles, was ihr dazu braucht, ist ein Stuhl, ein Tuch oder Schal zum Augenverbinden und ein paar Scherzartikel – z.B. eine wabbelige Gummispinne, eine Plastikschlange, ein Stofftier, das sich wie echtes Fell anfühlt, usw.

Die Regeln sind total einfach. Ein Freiwilliger muss sich mit verbundenen Augen auf den Stuhl setzen, während zwei oder drei der anderen Teens der Reihe nach versuchen, ihm Angst zu machen (oder ihn wenigsten ein bisschen zu erschrecken). Da-

bei sind alle mitgebrachten Scherzartikel erlaubt – Geschmack-
losigkeiten sollten natürlich nicht dabei sein! –, außerdem alles
andere (z.B. Geräusche), was dem »Versuchskaninchen« Angst
machen könnte. Die anderen dürfen die Freiwillige oder den
Freiwilligen aber nicht berühren.

Natürlich können auch die Zuschauer mitmachen, z.B. indem
du (oder wer sonst den Spielleiter macht) ihnen stumme Zei-
chen gibst, plötzlich aufzuschreien oder in aufgeregtes Geflüster
auszubrechen. Das kann die Nervosität und Anspannung der
Testperson noch steigern.

Dalli-Dalli!

*Als Alternative zum«Gruselkabinett« kannst du auch ein an-
deres Spiel machen. Du brauchst dafür nur ein paar Buchsta-
benwürfel (z.B. von dem Spiel »Letra-Mix«). Ziel ist es, in
kurzer Zeit möglichst viele, unterschiedliche Begriffe zum
Thema Angst finden.*

*Der Spielablauf ist ganz simpel: Der Reihe nach würfeln
die Kids einen Buchstaben (wenn man keine Würfel hat, kann
man den Buchstaben auch ermitteln, indem z.B. der rechte
Nebenmann das Alphabet in Gedanken aufsagt und der Spieler »Stop!« ruft. Der Nebenmann nennt nun laut den Buchstaben, bei dem er gerade angekommen ist). Zu diesem Buchstaben muss der Spieler in fünf Sekunden möglichst viele Begriffe finden, die mit Angst zu tun haben bzw. Angst machen.
Wer nichts weiß oder etwas sagt, was schon von jemand anders genannt wurde, scheidet aus.*

*Der Spielleiter beginnt jede Runde mit »Dalli-Dalli!« und
zählt dann laut und langsam von 21 bis 25. Entweder machst
du selbst den Schiedsrichter oder du ernennst einen von den*

Jugendlichen – im letzten Fall entscheidet die Gruppe, ob die genannten Begriffe gelten oder nicht. Das Spiel geht so lange, bis ein Sieger übrig bleibt.

Jeder kennt sie – jeder hat sie

Schnelle Einteilung

Kannst du einen Tipp gebrauchen, wie man die Kids in Gruppen einteilt? Probier's doch mal so: Passend zum Thema dieses Treffens kannst du die Leute danach einteilen, wovor sie am meisten Angst haben – z.B. Höhenangst, Angst vor Spinnen, Angst vor Leuten zu reden usw. (Wenn ihr genug Zeit habt, könnt ihr zusätzlich eine kleine Spontandiskussion einbauen, welche dieser Ängste wohl am rationalsten ist.)

Es ist kein Geheimnis, dass jeder Mensch Angst vor irgendwas hat. Manche Ängste sind weit verbreitet, andere ziemlich ungewöhnlich. Manche sind sozusagen Klassiker – wie die von Graf Dracula, der vor Knoblauch, Kreuzen und Tageslicht zittert.

Lass die Jugendlichen eine eigene »Hitliste« von Ängsten erstellen und teil sie dazu in Teams von je drei bis fünf Leuten ein. Jede Gruppe soll sich eine bekannte Persönlichkeit aussuchen – egal, ob real oder erfunden, noch am Leben oder schon gestorben, internationaler Star oder jemand aus der näheren Umgebung – und sich dann drei Dinge überlegen, vor denen diese Person wahrscheinlich Angst hat. Jede dieser Ängste sollte gleichzeitig ein Hinweis auf die Identität der gewählten Person sein.

Nach ein paar Minuten könnt ihr anfangen zu raten, indem jede Gruppe ihre Liste vorliest, während die anderen Teilnehmer versuchen herauszubekommen, welche Persönlichkeit hier beschrieben wird.

Als Abschluss dieses Teils eignen sich ein paar zusammenfassende Sätze, die du so oder ähnlich sagen kannst:

Wie ihr seht, sind die wenigsten Ängste so, dass sie einen total erschrecken. Das meiste, wovor wir Angst haben, sind eigentlich ganz alltägliche Dinge – Situationen und Umstände, die wir nicht beeinflussen können und in denen wir das Gefühl haben, total hilflos zu sein.

Am besten ist natürlich, wenn du das mit konkreten Beispielen deutlich machst. Versuch so offen wie möglich deine drei größten Ängste zu nennen. Klar, das kostet Überwindung, aber je ehrlicher du selbst etwas von dir preisgibst, desto eher werden auch die Teens dazu bereit sein, über ihre Angstgefühle zu sprechen. Wenn du z.B. Single bist, hast du vielleicht Angst, keinen Partner zu finden. Oder du hast Panik, in der Schule oder Uni nicht klarzukommen und als Versager dazustehen. Wovor auch immer du Angst hast – versuch möglichst genau zu beschreiben, wie du dich dabei fühlst.

Tipp

Wenn du dir unsicher bist, welche persönlichen Dinge du den Teens erzählen sollst und welche du besser nicht mitteilen solltest – also wie viel Ehrlichkeit und Offenheit gut ist – frag am besten jemanden, der mehr Erfahrung hat und dem du vertraust, was er oder sie dazu meint.

Nachdem du mit gutem Beispiel vorangegangen bist, gehen wir mal davon aus, dass die Teens sich nun auch trauen über ihre eigenen Ängste zu sprechen. Gib ihnen jeweils eine Karteikarte und die Aufgabe, ihre drei größten Ängste aufzuschreiben. Das Ganze auf jeden Fall ohne Namen – es ist wichtig, dass es anonym ist. Nach einigen Minuten kannst du die Karten dann einsammeln und mischen. Lies ein paar der genannten Ängste vor und gib den Teens die Chance darüber zu sprechen, wenn sie wollen – aber unter keinen Umständen darf irgendjemand die Ängste anderer als dämlich abtun oder sich sogar darüber lustig machen!

Vielleicht willst du den Jugendlichen in deiner Gruppe die Gelegenheit geben, noch mal nachzuschlagen, was sie in den vergangenen Tagen bei ihrem »What would Jesus do«-Experiment aufgeschrieben haben. Wenn es in die Situation und Atmosphäre passt, kannst du sie auch etwas vorlesen lassen. Ihre Antworten auf die Frage »Was würde Jesus tun?« sind unter Umständen eine gute Überleitung zur Bibelarbeit.

Kannte Jesus Angst?

Um zu den Bibeltexten überzuleiten, fängst du am besten mit dem an, was die Teens in der letzten Woche in ihrem »What would Jesus do?«-Buch gelesen haben. Du könntest z.B. die Frage stellen:

In welchen Situationen, die in der letzten Woche beschrieben waren, hatte Jesus Angst?

Und dann:
Macht es überhaupt Sinn, die Wörter »Jesus« und »Angst« in einem Atemzug zu nennen?

Wenn die Teens nicht so richtig mit Antworten rüberkommen, lies Lukas 8,22-25 vor, wo es um eine ziemlich Angst einflößende Erfahrung geht. Ein megaheftiger Sturm kommt auf, als Jesus und seine Jünger in einem Boot auf dem See sind. Also, was tut Jesus? Er setzt seine übernatürlichen Kräfte ein, um den Sturm abzustellen, und bringt alles wieder in Ordnung.

Wenn es nicht einer oder eine aus deiner Gruppe sagt, wirf du selbst das Folgende in den Raum: Wenn Jesus in der Lage war, einen Orkan zu beruhigen, ist es doch höchst unwahrscheinlich, dass es überhaupt irgendwas gab, was ihn in Panik versetzen konnte, oder? Was bringt es also zu fragen, was Jesus in einer Situation tun würde, die er nicht kontrollieren kann – wenn es solche Situationen gar nicht gibt?

Damit noch ein anderer Aspekt von Jesus und seinem Leben auf der Erde deutlich wird, bitte zwei Jugendliche, die Texte in Johannes 11,1-16 und Matthäus 26,36-46 vorzulesen. (Die Stellen sind auf den Seiten 37 und 38 abgedruckt, so dass du sie gleich parat hast.) Macht euch klar, dass Jesus in beiden Situationen echt in Gefahr war: In dem Abschnitt aus Johannes riskiert Jesus sein Leben, als er nach Judäa zurückgeht, um Lazarus zu helfen. Die Menschen in Judäa hatten schon einmal versucht ihn umzubringen und würden es wahrscheinlich wieder tun. Der Matthäustext ist das verzweifelte Gebet, das Jesus im Garten Gethsemane in der Nacht betete, bevor er gekreuzigt wurde. Er wusste, dass ihm ein qualvoller Tod bevorstand. Und obwohl Jesus die Möglichkeit gehabt hätte, sich mit überirdischen Mitteln aus diesen Situationen zu befreien, entschied er sich nur Mensch zu sein und verzichtete auf diese Macht.

Das heißt, es gab doch Situationen, in denen Jesus Angst hatte – genau wie wir.

Lass die Teens sich noch mal in die Gruppen aufteilen, die sie am Anfang des Treffens schon gebildet hatten. Ihre Aufgabe für die nächsten fünf Minuten ist nun, mit Hilfe einer Bibel herauszufinden, wie Jesus in den beiden Situationen (Johannes 11 und Matthäus 26) mit seiner Angst umgegangen ist, und Vorschläge zu machen, was wir in Angst machenden Situationen tun können.

Wenn ihr nach Ablauf der Zeit die verschiedenen Ideen zusammentragt, solltest du die besten Vorschläge aufschreiben (Overhead-Folie oder Wandzeitung), damit die Kids während der nächsten und abschließenden Aktion des Treffens darauf zurückgreifen können. Beteilige dich an der Diskussion mit der folgenden »Drei-Punkte-Strategie« (sofern diese Punkte nicht von den Jugendlichen genannt werden):

● **Besprich die Situation im Gebet mit Gott** (Jesus hat das im Garten Gethsemane auch getan.)

● **Tu, was du tun musst** (Jesus wusste, welche Gefahren mit seiner Reise nach Judäa verbunden waren, aber er ging trotzdem.)

● **Vertrau darauf, dass Gott für dich sorgt** (Jesus sagte in seinem Gebet zum Schluss: »Nicht mein, sondern dein Wille geschehe!«)

Demnächst

*Hier ist schon mal eine Übersicht, was du auf den Seiten 39 bis 42 findest. Diese Seiten brauchst du für den nächsten Teil: **Ganz normale Ängste***

__Ein Todesfall__ (Angst vor dem Tod, davor, was man zu den Angehörigen sagt, und vor der Beerdigung)

Der Umzug (Angst vor der neuen Schule; vor einer gefährlichen Wohngegend)

Du musst dich entscheiden (Angst vor dem, was die anderen von einem verlangen, aber auch davor, Nein zu sagen)

Mit der ganz normalen Angst umgehen

Lass die Jugendlichen sich noch mal in den Teams von vorhin zusammensetzen und gib jeder Gruppe eins der Arbeitsblätter (die Kopiervorlagen zu *Ganz normale Ängste* gibt's ab Seite 39). Lass ihnen ein paar Minuten Zeit, die dort aufgeführten Fragen zu beantworten:

● **Wovor hat die jeweilige Person in dieser Situation Angst?**
● **Was wäre das Schlimmste, das in dieser Situation passieren könnte?**
● **Was wäre das Beste, was passieren könnte?**
● **Was genau würde Jesus in dieser Situation tun?**

Wenn zum Schluss die Gruppen die beschriebene Szene und ihre Antworten vorlesen, können die anderen jeweils sagen, ob sie der gleichen Meinung sind oder nicht.

Zum Abschluss des Treffens eignet sich wieder ein Song, diesmal der auf Seite 43 bis 44 (»What would Jesus do?« von Big Tent Revival, der ist auch auf der WWJD-CD). Damit kannst du noch mal betonen, dass Jesus wirklich ein gutes Vorbild für uns ist in Situationen, in denen man Angst hat oder unsicher ist. Am besten weist du noch mal auf die möglichen Verhaltensweisen hin, die ihr vorher zusammen herausgefunden habt (besonders die »Drei-Punkte-Strategie«).

Wie du den Songtext einsetzen kannst...

*Verteil Kopien des Songtextes und spiel dann das Stück vor –
am besten zweimal, damit sie den Text genau mitkriegen.*

*Hier sind noch ein paar Fragen als Anregung, wenn ihr
über den Songtext sprecht:*

● *Oft konzentrieren wir uns total auf uns selbst und unsere
Angst. Inwiefern kann uns das daran hindern so zu leben,
wie Gott es will?*
● *Was heißt das überhaupt, Jesus nachzufolgen?*
● *Was bedeutet es, als Christ mit seinem Leben für das ein-
zustehen, was man glaubt?*

Johannes 11,1-16

Lazarus, der in Bethanien wohnte, war schwer erkrankt. In diesem Dorf wohnten auch seine Schwestern Maria und Martha. (Maria war es gewesen, die mit kostbarem Salböl die Füße des Herrn übergossen hatte.) Weil ihr Bruder Lazarus so krank war, ließen die beiden Schwestern Jesus die Nachricht zukommen: »Herr, dein Freund Lazarus ist schwer erkrankt!« Als Jesus das hörte, sagte er: »Diese Krankheit führt nicht zum Tode, sondern durch sie soll die Macht Gottes sichtbar werden, und der Sohn Gottes wird dadurch verherrlicht.«

Jesus hatte Martha, ihre Schwester Maria und Lazarus sehr lieb. Aber obwohl er nun wusste, dass Lazarus schwer krank war, wartete er noch zwei Tage. Erst danach sagte er zu seinen Jüngern: »Wir wollen nach Judäa gehen.« Doch seine Jünger wandten ein: »Herr, vor kurzem haben deine Feinde in Judäa versucht, dich umzubringen. Und jetzt willst du wieder dorthin?« Jesus antwortete: »Zwölf Stunden am Tag ist es hell. Wer sicher laufen will, muss diese Zeit nutzen; denn nur bei Tageslicht sieht er den Weg. Wer nachts unterwegs ist, wird sich in der Dunkelheit verirren.«

Nachdem er das seinen Jüngern gesagt hatte, meinte er: »Unser Freund Lazarus schläft jetzt, aber ich will hingehen und ihn aufwecken!« »Wenn er schläft, wird er bald wieder gesund sein«, erwiderten die Jünger. Sie glaubten nämlich, Jesus hätte vom gewöhnlichen Schlaf gesprochen, aber er redete vom Tod des Lazarus.

Deshalb sagte er ihnen jetzt: »Lazarus ist tot! Doch euretwegen bin ich froh, dass ich nicht bei ihm gewesen bin. Denn jetzt könnt ihr lernen, was Glauben heißt. Wir wollen jetzt gemeinsam zu ihm gehen!« »Ja«, sagte Thomas – den man auch den Zwilling nannte – zu den anderen Jüngern, »wir wollen mit Jesus nach Judäa gehen und dort mit ihm sterben.«

Matthäus 26,36-46

Dann ging Jesus mit ihnen in einen Garten, der Gethsemane
hieß. »Setzt euch hier hin und wartet auf mich!«, forderte er die
Jünger auf. »Ich will ein Stück weiter gehen und beten.« Petrus,
Jakobus und Johannes nahm er mit. Tiefe Mutlosigkeit und
Angst überfielen Jesus, und er sagte zu ihnen: »Ich zerbreche
beinahe unter der Last, die ich zu tragen habe. Bleibt bei mir
und lasst mich nicht allein.« Nachdem er einige Schritte weiter
gegangen war, warf er sich auf die Erde und betete: »Mein Vater,
wenn es möglich ist, so bewahre mich vor diesem Leiden! Aber
nicht mein Wille soll geschehen, sondern dein Wille.«

Danach ging er zu den drei Jüngern zurück und sah, dass sie
eingeschlafen waren. Er rüttelte Petrus wach und rief: »Könnt
ihr denn nicht eine einzige Stunde mit mir wachen? Bleibt wach
und betet, damit ihr die kommenden Tage überstehen könnt. Ich
weiß, ihr wollt das Beste, aber aus eigener Kraft könnt ihr es
nicht erreichen.«

Noch einmal ließ er sie allein, um zu beten: »Mein Vater,
auch wenn mir dieses Leiden nicht erspart bleiben kann, bin ich
bereit, deinen Willen zu erfüllen!« Als er zurückkam, sah er,
dass seine Jünger wieder schliefen.

Er kehrte um und betete zum dritten Mal mit den gleichen
Worten. Dann kam er zu seinen Jüngern zurück und sagte: »Hört
auf zu schlafen, ruht euch ein andermal aus! Jetzt wird der Men-
schensohn den Menschen ausgeliefert. Steht auf, lasst uns gehen! Der Verräter ist schon da.«

Ganz normale Änste

Ein Todesfall

Vor fünf Tagen ist Sarahs jüngerer Bruder Benni ertrunken, als die Familie Urlaub am Meer gemacht hat. Jetzt ist die Familie schon zwei Tage wieder zu Hause, aber Lisa hat sich noch nicht bei Sara gemeldet. Tja, und das Problem ist: Lisa ist Sarahs beste Freundin!

Jetzt weiß Lisa nicht, was sie tun soll. Ehrlich gesagt hat sie ziemliche Angst – vor allem davor, Sarahs Eltern zu begegnen. Und sie hat auch Angst, was Falsches zu sagen, wenn sie mit Sarah redet. Aber am meisten Panik hat sie vor der Beerdigung, wenn sie den Sarg sieht und sich vorstellt, dass Benni da drin liegt. Sie war noch nie auf einer Beerdigung und am liebsten würde sie gar nicht hingehen – obwohl es der Bruder ihrer besten Freundin ist.

● **Wovor hat Lisa in dieser Situation Angst?**

● **Was wäre das Schlimmste, das in dieser Situation passieren könnte?**

● **Was wäre das Beste, was passieren könnte?**

● **Was genau würde Jesus in dieser Situation tun?**

39

Ganz normale Ängste

Der Umzug

Florians Eltern haben sich vor einiger Zeit scheiden lassen, und die gerichtliche Auseinandersetzung hatte für seine Mutter ziemlich schlimme Folgen. Sie hat zwar das Sorgerecht für Florian bekommen, aber finanziell sieht es nun für die beiden ziemlich schlecht aus. Florians Mutter hat keinen Job und auch keine anderen Einkünfte, und das, was ihr und Florian an gesetzlichem Mindestunterhalt zusteht, ist so wenig, dass es nicht mal die Kosten für Miete und Essen deckt. Deshalb sind Florian und seine Mutter zu seinen Großeltern gezogen. Aber die wohnen mitten in einer Großstadt – und noch dazu in einer der gefährlichsten Gegenden.

Wo Florian vorher gewohnt hat, war es total ruhig, ein kleiner Ort eben, wo man Jugendbanden und Gewalt fast nur vom Hörensagen kannte. Und die Typen, die in der neuen Straße wohnen, sagen, so ein Milchbubi wie er würde in der Schule voll die Probleme kriegen. Wen wundert es, dass Florian jetzt Angst hat?

● **Wovor hat Florian in dieser Situation Angst?**

● **Was wäre das Schlimmste, das in dieser Situation passieren könnte?**

● **Was wäre das Beste, was passieren könnte?**

● **Was genau würde Jesus in dieser Situation tun?**

40

Ganz normale Ängste

Du mußt dich entscheiden!

»Na los, Mann, du schreibst doch nicht deinen richtigen Namen hin«, drängte Spray-Man. »Niemand wird erfahren, dass du es warst.«

David zögerte einen Moment, sein Finger lag auf dem Sprühkopf der Spraydose. Er warf einen Blick auf Super-X und Graffiti-Kid, die ihre Symbole schon auf dem frisch gestrichenen Brückenpfeiler verewigt hatten. Dann sah er nervös über das Geländer auf die Straße hinunter, die etwa dreißig Meter tief unter ihm lag.

Plötzlich war David sich gar nicht mehr so sicher, ob er sein neues Pseudonym, »Cool-Man«, auf den Pfeiler sprühen wollte. Die Polizei hatte die Sprayer schwer auf dem Kieker. Sollte irgendetwas durchsickern, musste er mit einer Anzeige rechnen.

Auf der anderen Seite konnte es ziemlich unangenehme Folgen für ihn haben, wenn er sich jetzt aus der Aktion ausklinkte. Graffiti-Kid war dafür bekannt, dass er nicht gerade zimperlich war.

Super-X hatte aber gemerkt, dass David zögerte, und schon hatte er »Cool-Man« an Davids Stelle auf den Pfeiler gesprüht. »Jetzt bist du einer von uns, ob's dir passt oder nicht!«

Doch Graffiti-Kid reichte das noch nicht. »Du kommst erst wieder von der Leiter runter, wenn du was gesprayt hast!«, warnte er David.

● **Wovor hat David in dieser Situation Angst?**

● **Was wäre das Schlimmste, das in dieser Situation passieren könnte?**

● **Was wäre das Beste, was passieren könnte?**

● **Was genau würde Jesus in dieser Situation tun?**

What would Jesus do?

(Big Tent Revival)

Some people just want to survive
And I don't know about you
But I am alive
Lately it seems
That I need a hand
In a fallen world
I just want to stand

Refrain
What would Jesus do walkin' in my shoes
Workin' at my job and goin' to my school
And I hear people say, »Jesus is the way«
And I believe and that is why I'm asking you
What would Jesus do?

And as we all know
Life can be tough
And all that we need is love – sweet love
So where do we go? Well here's what I see
To change my world
I gotta change me

Sometimes choices don't seem black and white
And they can leave you black and blue
What would Jesus do? What would Jesus do?
Have you ever thought about it?

What would Jesus do – he'd give his life for you
If you follow him – you'll give your life to them
What would Jesus do – he'd give his life for you
If you follow him – you'll give your life to them

Shine on, shine on follow with Jesus
Shine on, shine on follow with Jesus

By Steve Wiggins © 1997 by Ardent Music, LLC, dba Photon Music (BMI)

43

Was würde Jesus tun?

Manche Leute wollen nur überleben
Und ich weiß nicht, wie es mit dir ist
Aber ich bin am Leben
In der letzten Zeit scheint es
Als brauche ich Hilfe
In einer gefallenen Welt
Will ich einfach stehen können

Refrain
Was würde Jesus tun, wenn er in meinen Schuhen steckte
Meinen Job machte und in meine Schule ginge
Und ich hör die Leute sagen: »Jesus ist der Weg«
Und ich glaube es und deshalb frag ich dich
Was würde Jesus tun?

Und wie wir alle wissen
Kann das Leben ganz schön heftig sein
Und alles, was wir brauchen, ist Liebe – innige Liebe
Also, was unternehmen wir? Nun, ich sehe das so:
Um meine Welt zu verändern
muss ich mich selbst verändern

Manchmal scheint die Antwort nicht schwarz oder weiß zu sein
Und sie lässt dich grün und blau zurück
Was würde Jesus tun? Was würde Jesus tun?
Hast du schon mal darüber nachgedacht?

Was würde Jesus tun – er würde sein Leben für dich geben
Wenn du ihm folgst – wirst du dein Leben für sie geben
Was würde Jesus tun – er würde sein Leben für dich geben
Wenn du ihm folgst – wirst du dein Leben für sie geben

Leuchte und folge Jesus
Leuchte und folge Jesus

3. Treffen

In Versuchung

Genau wie die Angst ist auch die Versuchung etwas, das den Kern unseres Menschseins betrifft. Und das gilt für Jugendliche ganz besonders. Und im Alter der Teens spielen ein paar Dinge zum ersten Mal eine Rolle: die Hormone zum Beispiel, abstraktes Denken und das Bedürfnis nach einer eigenen Identität.

Das Problem ist nur, dass die Jugendlichen gar keine Zeit haben sich an diese Dinge zu gewöhnen oder zu lernen, wie sie dieses neue »Ich« einschätzen und ihm vertrauen können, bevor tausend Ablenkungen, Versuchungen und Verführungen auf sie einstürmen. Das ist ungefähr so, also müsste man am ersten Tag nach der Führerscheinprüfung mit dem Auto einmal quer durch Berlin fahren – freitags im Berufsverkehr und mit einem Schaltwagen, obwohl man vorher nur Automatik gefahren ist.

Und dann sind da die vielen kleinen und großen Versuchungen. Natürlich willst du nicht, dass die Teens solchen Versuchungen nachgeben – aber das Vertrackte ist, dass sie, wenn sie es *doch* tun, so viel daraus lernen können, dass sie tatsächlich bessere Menschen und vor allem reifere und barmherzigere Christen werden. Das Versagen ist ein Teil unseres geistlichen Wachstums, den du den Jugendlichen nicht unbedingt empfehlen willst – und das aus gutem Grund. Schließlich ist es doch unsere Aufgabe, sie gerade vor Fehlern zu bewahren – nicht sie dazu anzustiften, damit sie hinterher was daraus lernen, oder? Und trotzdem: Es hat sein Gutes.

Noch besser ist es natürlich, wenn man der Versuchung, sprich: der Sünde, gar nicht erst nachgibt. Und diese Botschaft ist das, was wir zuerst rüberbringen müssen.

Der Widerstands-Test

Zum Einstieg kannst du ein Rollenspiel machen, zu dem du ein paar Leute brauchst, je nach Größe der Gruppe etwa 5 bis 8. Einer der Teens soll einen Schüler bzw. eine Schülerin spielen. Setz ihn (oder sie) an einen Tisch und erkläre, dass er (sie) zwei Tage später in der Schule eine Arbeit schreibt, deren Ergebnis die *Hälfte* der Zeugnisnote ausmacht. Der Schüler oder die Schülerin soll nun so tun, als würde er (sie) lernen.

Den anderen stellst du – ohne dass die Testperson es hört! – die Aufgabe, den Lerner von seiner Arbeit abzuhalten und ihn dazu zu bringen, dass er oder sie den Abend nicht mit den Schulbüchern verbringt. Sie können sich selbst Ablenkungsmanöver ausdenken oder die folgenden Vorschläge ausprobieren:

- **Ein Junge (den die Gruppe auswählt) lädt die Schülerin ins Kino ein.**
- **Ein Mädchen schlägt einen Einkaufsbummel vor, weil der coolste Klamottenladen gerade eine Sonderangebotsaktion macht.**
- **Einer sagt, dass die Arbeit auf nächste Woche verlegt wurde.**
- **Jemand anders versucht es mit härteren Mitteln wie Drohungen, Bestechung oder Erpressung.**

Alles außer körperlicher Gewalt ist erlaubt, um die Testperson vom Lernen abzubringen. Wenn sie der Versuchung nachgibt, frag sie, warum sie es getan hat. Wenn nicht, soll sie sagen, welche Methode vielleicht funktioniert hätte.

Verräter

Du findest das Rollenspiel zu langweilig? Dann probier dieses hier aus!

Lass die Kids in zwei Gruppen einen Wettkampf austragen (egal, ob es ein Staffellauf oder ein Ratespiel ist), bis die Teams so richtig in Fahrt sind und ihr Ehrgeiz geweckt ist. Dann bring das Thema »Versuchung« ins Spiel, indem du zwei oder drei Teens auf die Seite nimmst und versuchst sie dazu zu bringen, dass sie dem anderen Team zum Sieg verhelfen. Fang mit niedrigen »Bestechungsgeldern« an und steigere sie, wenn die Testpersonen nicht sofort darauf anspringen. Es wird interessant sein zu sehen, wie viele der Versuchung nicht widerstehen können.

Um möglichst viele verschiedene Versuchungen zu sammeln, ist ein Brainstorming gut. Zieh es als Spiel auf, indem du der Gruppe nur zwei Minuten Zeit lässt und einen Preis aussetzt (z.B. Süßigkeiten oder Knabberzeug), wenn sie in dieser Zeit 50 unterschiedliche Dinge nennen. Schreib die Stichworte auf eine Tafel, Folie o.ä., während die Kids sie in den Raum hineinrufen. Überlegt dann gemeinsam, welche drei oder fünf die Versuchungen sind, denen man am schwersten widerstehen kann – und warum.

Ganz schön verführerisch

Überleitung

Vielleicht willst du den Jugendlichen die Gelegenheit geben, einen Blick in ihre Notizen der vergangenen Woche zu werfen. Gib ihnen ein paar Minuten Zeit, und wenn jemand will, kann er oder sie etwas daraus vorlesen. So kannst du gut zu dem Bibelteil des Treffens überleiten.

Als Einstieg in die Bibelarbeit bietet sich wieder die Eröffnungsfrage an:

In welcher der Situationen, die ihr in eurem »What would Jesus do«-Buch in der letzten Woche gelesen habt, ging es um irgendeine Art von Versuchung?

Um herauszufinden, wie Jesus in einer solchen Situation tatsächlich reagiert hat, bitte drei Jugendliche, die Geschichte in Matthäus 4,1-11 mit verteilten Rollen (Erzähler, Jesus, Satan) zu lesen. Das Ganze ist auf Seite 55 schon vorbereitet, so dass du den Text *Hat der Teufel ihn rumgekriegt?* nur noch dreimal kopieren musst.

Dann gib den Teens einen Impuls zum Nachdenken, z.B. mit der folgenden Frage:

Welche Methode hatte Jesus, mit Versuchungen umzugehen? Sammle die Antworten und diskutiert sie kurz, wenn nötig. Beende diesen Teil, indem du – sinngemäß – sagst: **Wie wir gesehen haben, hat Jesus als Erstes Gottes Wort zitiert,**

als Satan ihn bedrängt hat. **Und damit hat er erst gar nicht zugelassen, dass der verführerische Gedanke sich in seinem Kopf festsetzen konnte. Jesus wusste genau, was richtig war, und deshalb konnte nichts ihn überreden, etwas Falsches zu tun.**

Das absolut Letzte

Dieses Spiel ist total einfach, aber kreativ, und es hat eine überraschend große Wirkung. Die Idee ist folgende: Als Vorgabe nennst du eine Situation, z.B.: *Du fragst den Typen, den du schon eine ganze Weile anhimmelst, ob er heute mit ins Kino kommt.* Jetzt sollen alle der Reihe nach sagen, was nach ihrer Meinung das absolut Letzte wäre, was der Typ sagen könnte, z.B.:

● »Nee, ich kenn den Film schon.«
● »Okay – wenn deine Schwester auch mitkommt.«
● »Na gut, aber nur, wenn wir irgendwo hingehen, wo mich niemand kennt.«
● »Warum sollte ich mit dir ins Kino gehen?«

Wenn die Teens selbst Ideen für Situationen haben, super! Falls sie noch ein paar Anregungen brauchen, kannst du ihnen u.a. diese Vorschläge machen:

● *Du warst beim Friseur und er hat deine Haare total vermurkst. Du weinst dich bei deiner besten Freundin aus.* (Sie sagt: »Tröste dich, das wächst irgendwann wieder raus«, oder: »Immerhin ist es besser als vorher.«)

● *Du hast deine Hausaufgaben zum x-ten Mal vergessen, und der Lehrer kann dich sowieso nicht leiden.* (Er sagt: »Hoffentlich vergisst du nicht noch, wo du wohnst«, oder: »Ist ja kein Wunder, aus deinem Bruder ist schließlich auch nichts geworden.«)

Tipp

Wenn die Gruppe so groß ist, dass es zu lange dauert, wenn alle mitspielen, kannst du zweimal fünf oder sechs Freiwillige als Mannschaften gegeneinander antreten lassen, während die anderen zusehen.

Am Ende des Spiels gibst du die letzte Situation vor, die gleichzeitig als Überleitung zum nächsten Teil gedacht ist:

Das absolut Beste

Die letzte Vorgabe für das Spiel ist:

Du bist gestorben und stehst jetzt vor Gott, der über dein Leben richtet. Leider hast du eine ganze Menge Dinge getan, die nicht in Ordnung waren, und du hast einen Gegenspieler – Satan –, der die Anklage vertritt und nur darauf wartet, dass du richtig übel bestraft wirst. Also brauchst du dringend einen guten Verteidiger, der Gott irgendeinen guten Grund nennt, warum er dich nicht bestrafen soll.

Hebräer 4,14-16

Lasst uns also unerschütterlich an unserem Bekenntnis zu Gott festhalten, denn wir haben einen Hohenpriester, der vor Gott für uns eintritt. Das ist Jesus, Gottes Sohn, der in das Reich seines Vaters gegangen ist.

Doch er gehört nicht zu denen, die unsere Schwächen nicht verstehen und zu keinem Mitleiden fähig sind. Jesus Christus musste mit denselben Versuchungen kämpfen wie wir, auch wenn er nie gesündigt hat.

Aber weil er für uns eintritt, dürfen wir mit Zuversicht und ohne Angst vor Gott kommen. Er wird uns seine Barmherzigkeit und Gnade zuwenden, wenn wir seine Hilfe brauchen.

Frag die Jugendlichen, wie der schlechteste Verteidiger aussehen und was er tun oder sagen würde. Hier bist du natürlich nicht in erster Linie auf witzige Antworten aus, sondern mehr auf ehrliche. Ein paar Starthilfen könnten sein:

Die absolut letzten Eigenschaften, die dieser Verteidiger haben dürfte:

● **Es ist ihm völlig egal, was aus dem Angeklagten wird.**

● **Er hat Angst vor seinem Gegner.**

● **Der Richter hat was gegen ihn.**

● **Er hat keine Ahnung, worum es eigentlich geht.**

Wenn die Teens ihre Antworten gegeben haben, vergleicht die genannten Eigenschaften mit denen des Hohen Priesters in dem Abschnitt aus Hebräer 4,14-16 (Lass jemand aus der Gruppe den Text vorlesen). Als Erklärung solltest du dazusagen, dass im Judentum der Hohepriester eine Art Anwalt war, der sein Volk vor Gott vertrat.

Überlegt dann zusammen, warum Jesus der absolut beste Hohepriester (Verteidiger) ist, den wir haben können. Dabei sollen die Jugendlichen ein paar wesentliche Gedanken mitnehmen:

- **Jesus findet uns – also die Menschen, die er vor Gott vertritt – so wichtig, dass er für uns sogar sein Leben geopfert hat.**
- **Jesus hat seinen Gegner, den Ankläger, schon besiegt.**
- **Jesus hat absolut gute Karten bei Gott – er ist schließlich sein Sohn!**
- **Jesus weiß ganz genau, worum es geht, weil er selbst mal ein Mensch war und alles hautnah miterlebt hat.**

Versteckte Kamera

Cool ist es, wenn du das Treffen zum Thema »Versuchung« mit einem Video starten kannst, das du an einem Sonntag vorher heimlich gemacht hast. Die Voraussetzungen dazu müssen allerdings stimmen: Du brauchst einen Teller mit Süßigkeiten, einen Tisch im Flur (am besten in einer Ecke, die ein bisschen abseits, aber auf dem Weg zum Gottesdienstraum liegt) und einen Platz, wo du die Videokamera verstecken kannst.

Wenn du alles aufgebaut hast, stell ein Schild neben den Teller: »Nur für Kinder« und schalte die Kamera eine halbe Stunde vor Gottesdienstbeginn ein (bei einer 2-Stunden-Kassette kriegst du auch noch ein paar Leute nach dem Gottesdienst mit drauf). Mit ein bisschen Glück hast du hinterher ein paar schöne Beispiele dafür, wie sich unterschiedliche Leute in einer Versuchungssituation verhalten.

Er hat es selbst erlebt

Teile die Jugendlichen in drei Gruppen ein und gib ihnen jeweils eine der folgenden drei Fragen, die sie beantworten sollen:

- **Frage 1: Warum ist es wichtig für uns, einen Hohepriester zu haben, der unsere Schwächen nachvollziehen kann?**
- **Frage 2: Was bedeutet der Satz: »Jesus Christus musste mit denselben Versuchungen kämpfen wie wir«?**
- **Frage 3: Welche Strategie hatte Jesus, um einer Versuchung zu widerstehen?** (Unter Umständen brauchen die Teens hier noch mal einen Tipp in Richtung Matthäus 4,1-11.)

Gib den Gruppen ein paar Minuten Zeit und bitte sie dann, ihre Antworten vorzulesen. Anschließend kannst du das, was gesagt wurde, noch mal abrunden mit einem Satz wie diesem:

Weil Jesus, unser Hohepriester, sich mit denselben Versuchungen auseinander setzen musste wie wir, kann er uns auch helfen, wenn wir in Versuchung sind.

Jetzt sollten die Jugendlichen die Chance haben, das Ganze mal ganz praktisch umzusetzen – also so zu handeln, wie Jesus es tun würde. Dafür braucht ihr noch mal die drei Gruppen von vorhin. Gib jedem Team eins der Themenblätter auf den Seiten 56 bis 61. Auf den Zetteln stehen neben einer Ausgangsszene auch Anweisungen, die die Teens bei der Vorbereitung ihres Rollenspiels beachten sollen. Ein paar Minuten dürften reichen, damit die Gruppen einen groben Ablauf festlegen können, dann geht es los! Wenn noch Zeit ist, können die Gruppen jeweils ihre Meinung zu den Vorführungen der anderen sagen.

Der passende Song

Der Song **What If I Stumble** *von DC Talk passt gut zu dem Thema dieses Treffens. (Auch er befindet sich auf der WWJD-CD!) Wenn du ihn einsetzen willst, verteil Kopien des Textes, bevor du ihn vorspielst. (Die deutsche Übersetzung ist meist ganz hilfreich, um auch die Feinheiten des Textes mitzukriegen.) Hier sind ein paar Fragen, die du stellen kannst, wenn ihr über den Song sprecht:*

- **Um was für eine Versuchung geht es in dem Lied?**
- **Was für positive Auswirkungen hat so eine Versuchung?**
- **Welche Narben bleiben zurück, wenn du einer Versuchung nachgibst?**
- **Was würde Jesus zu jemandem sagen, der ihn fragt: »Was ist, wenn ich schwach werde?«**

Als Abschluss dieser Einheit ist es am besten, wenn du die Jugendlichen noch einmal daran erinnerst, dass wir in Jesus ein Vorbild haben, wenn wir mit Versuchungen kämpfen. Ermutige die Teens, im nächsten Ernstfall die Strategien anzuwenden, die sie im Rollenspiel schon geübt haben.

Hat der Teufel ihn rumgekriegt?

**Ein Lesestück für drei Personen (Erzähler, Teufel, Jesus)
nach Matthäus 4,1-11**

Erzähler: Danach wurde Jesus vom Geist Gottes in die Wüste
geführt, wo ihn der Teufel versuchen sollte. Vierzig Tage und
vierzig Nächte fastete er, und der Hunger quälte ihn. Da kam
der Teufel zu ihm und forderte ihn heraus:

Teufel: Wenn du Gottes Sohn bist, dann mach aus diesen Stei-
nen Brot!

Erzähler: Jesus antwortete:

Jesus: Nein, denn es steht in der Heiligen Schrift: »Der Mensch
lebt nicht allein vom Brot, sondern von allem, was der Herr
ihm zusagt!«

Erzähler: Da nahm ihn der Teufel mit nach Jerusalem und stellte ihn an den Rand der Tempelmauer.

Teufel: Spring hinunter! … Du bist doch Gottes Sohn! Und es
steht geschrieben: »Gott wird seine Engel schicken. Sie werden dich auf Händen tragen, und du wirst dich nicht einmal
an einem Stein verletzen!«

Erzähler: Jesus entgegnete ihm:

Jesus: Es steht aber auch geschrieben: »Du sollst Gott, deinen
Herrn, nicht herausfordern!«

Erzähler: Nun führte ihn der Teufel auf einen hohen Berg und
zeigte ihm alle Reiche der Welt und ihre Herrlichkeit.

Teufel: Das alles gebe ich dir, wenn du vor mir niederkniest
und mich anbetest …

Erzähler: Aber Jesus wies ihn ab:

Jesus: Weg mit dir, Satan, denn es steht geschrieben: »Bete
allein Gott, deinen Herrn, an und gehorche ihm!«

Erzähler: Da gab der Teufel auf und verließ ihn. Und die Engel
Gottes kamen und sorgten für Jesus.

Einmal ist keinmal!

Versuchungsszene 1

Das ist die Situation:

Katrin und Tobias sind erst vor kurzem umgezogen und neu in ihrer Klasse. Deshalb freuen sie sich, als sie von Hendrik, einem Mitschüler, zu einer Fete eingeladen werden. Das ist ihre große Chance, einen guten Eindruck zu machen und vielleicht neue Freunde zu gewinnen. Hauptsache, sie fallen an diesem Abend nicht dumm auf. Dass Katrin und Tobias Christen sind, weiß ihr Gastgeber übrigens nicht.

Schon an der Tür werden sie von ihrem Mitschüler mit zwei Gläsern Whiskey-Cola begrüßt – und den Worten: »Meine Freundin ist schon unterwegs und holt noch mehr. Haltet euch ran!«

Das sind ein paar Anregungen:

Es gibt verschiedene Möglichkeiten, was Katrin und Tobias in dieser Situation tun könnten:

● Sie könnten den ganzen Abend die Gläser in der Hand halten ohne zu trinken.
● Sie könnten das Angebot des Gastgebers ausschlagen mit der Begründung, sie hätten sich nach der letzten Party noch nicht erholt.

● Sie könnten ein Glas trinken – nur um sich nicht unbeliebt
zu machen.

● Sie könnten sagen, dass sie es nicht gut finden, Whiskey und
so was zu trinken, und ihrem Mitschüler erklären, warum.

Das ist eure Aufgabe:

Besprecht die Vor- und Nachteile der jeweiligen Verhaltensweisen! Entscheidet dann, wie Jesus in dieser Situation gehandelt
hätte, und spielt diese Möglichkeit den anderen Gruppen als
Rollenspiel vor. Vergesst dabei nicht, wie die anderen reagieren
könnten, wenn die beiden Schüler sich so verhalten, wie Jesus
es getan hätte.

Der Verdacht

Versuchungsszene 2

Das ist die Situation:

Markus steht wie immer in der Pause auf dem Schulhof mit seiner Clique zusammen. Einziges Gesprächsthema ist heute Manuel – denn seit neuestem geht das Gerücht um, Manuel sei schwul! Einer aus der Clique behauptet sogar, es gebe Beweise dafür.

Daniel, der auch dabeisteht, beteiligt sich nicht an den abfälligen Bemerkungen der anderen, er schweigt. Und es dauert nicht lange, bis die anderen misstrauisch werden.

Sie wissen, dass Daniel überzeugter Christ ist. Und dass er sich gut mit Manuel versteht, haben sie auch schon gemerkt. Offensichtlich hat er Manuel schon mal zum Jugendtreff seiner Gemeinde eingeladen. Was Daniels Freunde nicht wissen, ist, dass Manuel ihn erst letzte Woche gefragt hat, ob Daniel nicht am Wochenende bei ihm schlafen wolle …

Das sind ein paar Anregungen:

Wie kann Daniel Manuel verteidigen, ohne seinen eigenen Ruf zu ruinieren? Oft gerät man ja schon selbst in den Verdacht schwul zu sein, wenn man sich nicht am Spott über Homosexuelle beteiligt. Wenn Daniel nun auch noch eindeutig für Manuel

Partei ergreifen würde, wäre der Fall für die anderen klar (ganz zu schweigen von dem, was passieren würde, wenn einer was von der Übernachtungsaktion erfahren sollte …)

Das ist eure Aufgabe:

Überlegt euch, wie Daniel reagieren könnte. Stellt euch die Frage: Was würde Jesus tun, wenn er einen Freund wie Manuel hätte? Spielt die Szene so, dass Daniel handelt, wie es Jesus tun würde. Vergesst dabei nicht die positiven und negativen Folgen eines solchen Verhaltens.

Wer zuletzt lacht . . .

Versuchungsszene 3

Das ist die Situation:

Nach dem Fußballtraining sitzen fünf Jungs in der Garderobe und unterhalten sich prächtig. Jannis tickt gerade seinen Kumpel Robert an und fragt ihn: »Ey, wie ging noch mal der Witz, der heute Morgen im Radio kam?«

An diesem Morgen hat Jannis – er ist schon achtzehn und hat gerade seinen Führerschein gemacht – Robert im Auto mit zur Schule genommen. Im Radio hatten der Moderator einen eindeutig zweideutigen Witz erzählt und Robert hatte sich noch gewundert, dass man so was im Radio bringen durfte. Dass er selbst als Christ nichts davon hielt, sexistische oder einfach nur schweinische Witze zu reißen, war sowieso klar. Ganz anders Jannis. Der hatte sich halb totgelacht.

Jetzt kann er sich aber offensichtlich nicht mehr an den Witz erinnern und Robert soll nun für ihn den Witz erzählen. Natürlich fände Robert es voll cool, wenn die älteren Jungs aus der Mannschaft über seinen Witz lachen würden …

Hier sind ein paar Anregungen:

So merkwürdig es klingt, aber Robert hat eigentlich nicht viele Möglichkeiten. Wenn er sagt, dass er sich nicht an den Witz erinnern kann, lügt er – er hat ihn nämlich sehr gut behalten. Behauptet er, der Witz sei nicht besonders komisch, würden die anderen ihn trotzdem hören wollen. Die letzte Alternative ist, dass er sich weigert ihn zu erzählen – und dann wollen die anderen garantiert wissen, warum!

Das ist eure Aufgabe:

Macht euch Gedanken darüber, wie Robert sich in dieser Situation verhalten könnte. Denkt daran, was Jesus in so einem Fall getan hätte. Stellt nach, was passieren könnte, wenn Robert sich so verhält, wie ihr meint, dass Jesus es tun würde.

What If I Stumble
(DC Talk)

Is this one for the people?
Is this one for the Lord?
Or do I simply serenade for things I must afford
You can jumble them together, my conflict still remains
For holiness is calling, in the midst of courting fame

'Cause I see the trust in their eyes
Though the sky is falling
They need your love in their lives
Compromise is calling

What if I stumble, what if I fall?
What if I lose my step and I make fools of us all
Will the love continue?
When my walk becomes a crawl
What if I stumble, what if I fall?
You never turn in the heat of it all
What if I stumble, what if I fall …
Everyone's got to crawl when you know that
You're up against the wall, it's about to fall

Father, please forgive me for I cannot compose
The fear that lives or the rate at which it grows
If struggle has a purpose on the narrow road you've carved
Why do I dread my trespasses
Will leave a deadly scar?

Do they see the fear in my eyes? Are they so revealing?
This time I cannot disguise all the doubt I'm feeling
I hear you whispering my name (you say)
My love for you will never change (never change)

What if I stumble, what if I stumble?
What if I fall, what if I fall?
You never turn in the heat of it all
What if I stumble, what if I fall (fall, fall)
You are my comfort, and my God

Is this one for the people, is this one for the Lord?

By Toby McKeehan and Daniel Joseph

Was ist, wenn ich stolpere?

Ist das hier für die Leute?
Ist das hier für Jesus?
Oder singe ich einfach für die Dinge,
die ich zum Leben brauche?
Du kannst alles zusammenschmeißen,
mein Problem ist dasselbe –
Denn Heiligsein ist angesagt,
mitten im verführerischen Ruhm.

Denn ich sehe das Vertrauen in ihren Augen
Obwohl uns der Himmel auf den Kopf fällt
Sie brauchen deine Liebe in ihrem Leben
Ein Kompromiss wäre verlockend

Was ist, wenn ich stolpere,
was ist, wenn ich falle?
Was ist, wenn ich den Halt verliere
und Narren aus uns allen mache?
Wird die Liebe weitergehen?
Wenn mein Gehen zu einem Kriechen wird
Was ist, wenn ich stolpere, und was ist, wenn ich falle
Was ist, wenn ich stolpere, was ist, wenn ich falle?
Du wendest dich nie ab in der ganzen Panik
Was ist, wenn ich stolpere, was ist, wenn ich falle …
Jeder muss kriechen, wenn du weißt
Dass du mit dem Rücken zur Wand stehst,
und sie gleich einstürzt

Vater, bitte vergib mir, denn ich krieg die Angst, die in mir lebt,
Nicht in den Griff, oder das Maß, in dem sie steigt.
Wenn das Kämpfen einen Sinn hat, auf dem schmalen Weg,
den du vorgezeichnet hast,
Warum fürchte ich so, dass meine Verfehlungen
Tödliche Narben hinterlassen?

Sehen sie die Angst in meinen Augen? Verraten sie so viel?
Diesmal kann ich all die Zweifel nicht verbergen, die ich fühle
Ich höre, wie du meinen Namen flüsterst (sagst du)
Meine Liebe für dich wird sich niemals ändern
(niemals ändern)

Was ist, wenn ich stolpere? Was ist, wenn ich stolpere?
Was ist, wenn ich falle? Was ist, wenn ich falle?
Du wendest dich nie ab in der ganzen Panik
Was ist, wenn ich stolpere, was ist, wenn ich falle (falle, falle)
Du bist mein Trost und mein Gott

Ist dies hier für die Leute, ist dies hier für Jesus?

4. Treffen

W W J D

Was mich betrifft

In der Schule werden uns Schriftsteller und Wissenschaftler als das Nonplusultra verkauft, die Kirchen verehren geistliche Riesen wie Billy Graham oder Mutter Teresa, in den Medien werden Topmodels und Spitzensportler wie Claudia Schiffer und Michael Schumacher zu Halbgöttern gemacht.

Kein Wunder, dass die meisten Kids sich völlig klein vorkommen! Wer kann sich schon mit den Schönen und Begabten dieser Welt messen? Alles, was Teens vielleicht noch haben, ist, sich ab und zu mal richtig cool zu fühlen, wenn sie mit den ganz Großen konfrontiert werden – seien es die Stars im Kino oder zwei Tische weiter in der Klasse.

Es kann also eine ganz schön knifflige Aufgabe sein, den Jugendlichen klarzumachen, dass sie Gott eine Menge wert sind – so wie sie sind. Wenn sie aber erst mal begriffen und vor allem selbst gespürt haben, wie lieb Gott sie hat, trägt das ungeheuer zu ihrem Selbstwertgefühl und ihrer Persönlichkeit bei. Diese Einheit kann hoffentlich ein bisschen dabei helfen.

Das besondere Merkmal

Bereite vor diesem Treffen eine Liste mit total abgefahrenen, albernen oder einfach nur ungewöhnlichen Statements vor, die etwas über Eigenschaften, Persönlichkeit oder Vorlieben der

Teens aussagen. Ordne dann jedem dieser Statements eine beliebige Punktzahl zu. Hier sind ein paar Anregungen – überleg dir, was zu deiner Gruppe passt:

- Er/sie kann die Zunge rollen – 3 Punkte
- Sein/ihr Vorname beginnt mit einem Vokal – 10 Punkte
- Er/sie trägt Schuhe mit Schuhbändern – 6 Punkte
- Sein/ihr Geburtsmonat ist eine gerade Zahl – 5 Punkte
- Er/sie ist in einer anderen Stadt geboren – 11 Punkte
- Er/sie wurde von einem Freund/einer Freundin enttäuscht – 15 Punkte
- Sein/ihr Name stand im letzten Jahr einmal in der Zeitung – 12 Punkte
- Er/sie hat ein Piercing – 8 Punkte

Fang bei dem Treffen einfach damit an, dass du die erste Beschreibung vorliest und die dazu gehörige Punktzahl nennst. Diejenigen, auf die das Statement zutrifft, bekommen jeweils die entsprechende Punktzahl. Sieger ist, wer am Schluss die meisten Punkte gesammelt hat.

Benutz dieses Spiel als Einstieg in eine Diskussion über die besonderen Eigenschaften, die jeder Jugendliche in deiner Gruppe hat.

Schmink-Aktion

Was du für diese ausgesprochen witzige Aktion brauchst:

- *ein altes Laken oder eine Decke*
- *einen Tisch*
- *eine Reihe verschiedener Kosmetikartikel wie Make-up, Wimperntusche, Lidschatten, Rouge, Lippenstift usw.*

Auch wenn die Jugendlichen es vorher schon mal gesehen haben – diese Aktion ist trotzdem immer wieder witzig. Und diesmal passt sie genau zum Thema, denn es geht darum, wie wir unser Bild von uns selbst von anderen mit gedankenlosen Kommentaren, Gruppenzwang oder ähnlichem beeinflussen lassen.

Und so funktioniert das Ganze: Zwei Personen stehen hintereinander, vor ihnen ein Tisch mit verschiedenen Kosmetikartikeln. Die hintere Person wird mit einem alten Laken verdeckt, in das vorher zwei Löcher geschnitten worden sind. (Ihr könnt es in einem Türrahmen befestigen oder von zwei Freiwilligen hochhalten lassen.) Der, der vorne steht, täuscht mit seinen Armen (wenn auch etwas stummelige) Beine vor und steckt die Hände dazu in ein paar Schuhe. Nun streckt der hintere Akteur seine Arme durch das Laken und »leiht« sie sozusagen dem Vordermann.

Die Aufgabe ist nun für die zwei, »sich« zu schminken, wobei einer blind im Gesicht des anderen rummalt, während der die kosmetische Behandlung am besten noch kommentiert. Kleiner Tipp: Besonders gut dürfte das Ganze ankommen, wenn du als Schauspieler jemand aus dem Gemeinderat oder Kirchenvorstand engagierst!

Wem gehört dieser Ellbogen?

Wem die Schmink-Aktion zu aufwendig ist oder wer seine Gruppe aktiver beschäftigen will, kann auch dieses Spiel machen, denn es hat auch mit dem Thema Identität zu tun:

Es geht darum, dass die Teens einen oder mehrere aus ihrer Gruppe am Ellbogen (oder auch Fuß oder Knie) erkennen sollen. Damit man die Kandidaten nicht an etwas anderem erkennt, strecken sie Bein oder Arm durch ein Loch in ei-

*nem alten Bettlaken. Überleg dir vorher, welches Körperteil
es sein soll, damit du das Loch schon vorher an der richtigen
Stelle ins Laken schneiden kannst.*

Das ultimative Selbstverständnis

Überleitung

*Vielleicht willst du den Jugendlichen die Gelegenheit geben,
einen Blick in ihre Notizen der vergangenen Woche zu werfen. Gib ihnen ein paar Minuten Zeit, und wenn jemand will,
kann er oder sie etwas daraus vorlesen. So kannst du gut zu
dem Bibelteil des Treffens überleiten.*

Um zu den Bibeltexten überzuleiten, fängst du am besten mit
dem an, was die Jugendlichen in der letzten Woche in ihrem
»What would Jesus do?«-Buch gelesen haben. Stell als Einstieg
die Frage:

**In welchen Situationen, die in der letzten Woche beschrie-
ben waren, ging es irgendwie ums Selbstbild?**

Und dann:

**Was meint ihr: Hatte Jesus auch Probleme mit seinem
Selbstbild? Wenn ja, warum, oder wenn nicht, warum
nicht?**

Versuch, möglichst mehrere Äußerungen aus den Teens
herauszubekommen.

Matthäus 16,13-17

Als Jesus in die Gegend von Cäsarea Philippi kam, fragte er seine Jünger: »Für wen halten mich die Leute eigentlich?« Sie erwiderten: »Manche halten dich für Johannes den Täufer, andere für Elia, für Jeremia oder einen anderen Propheten.«

»Und für wen haltet ihr mich?«, fragte er sie. Darauf antwortete Petrus: »Du bist Christus, der von Gott verheißene Retter, der Sohn des lebendigen Gottes!« »Du kannst wirklich glücklich sein, Simon, Sohn des Jona!«, erwiderte Jesus. »Diese Erkenntnis hat dir mein Vater im Himmel gegeben; von sich aus kommt niemand zu dieser Einsicht.«

Dann bitte eine oder einen aus der Gruppe, den Text aus Matthäus 16 vorzulesen. Bau die folgenden Fragen und Kommentare in eure Diskussion über den Bibeltext ein:

1. Was passiert in dem Bibelabschnitt? Hat Jesus sich wirklich Sorgen darüber gemacht, was andere von ihm dachten? Warum stellte er seinen Jüngern diese Frage?

Man kann wohl behaupten, dass Jesus selbstsicher genug war, um nicht auf die Meinung anderer angewiesen zu sein, was seine Identität anging. Er fragte seine Jünger einfach, ob auch die anderen Leute die Wahrheit über ihn erkannt hätten.

2. Wie würdet ihr die Einstellung beschreiben, die Jesus zu sich selbst und seiner Identität hatte?

Na gut, das ist vielleicht eine komische Frage – aber du kannst die Jugendlichen vielleicht damit aus der Reserve locken und so ein paar provokative Antworten von ihnen bekommen. Die können ihnen später unter Umständen eine Hilfe sein, wenn sie sich ganz konkret die Frage stellen: »Was würde Jesus tun?«

Hier ist eine Möglichkeit, wie man das Selbstbild von Jesus zusammenfassen könnte: »Ich weiß, wer ich bin. Wenn du's noch nicht weißt, verpasst du eine ganze Menge.« Teste mal die Reaktionen der Teens auf diese Aussage!

3. Inwiefern hilft es, ein klare Vorstellung davon zu haben, wer man ist, wenn man Probleme mit dem Selbstbild hat?

Jemand, der weiß, wer er ist, lässt sich nicht so leicht von der Meinung anderer beeinflussen.

4. Wie sind Menschen, die ein gesundes Selbstvertrauen haben? Beschreibt ihr Verhalten, ihre Eigenschaften!

Solche Leute sind nicht unbedingt arrogant, aber selbstbewusst – sie wissen, was sie wert sind. Sie sind überzeugt, dass jeder, der sich die Zeit nimmt um sie näher kennen zu lernen, sie auch mögen wird. Negative Äußerungen von anderen ignorieren sie einfach – diese Menschen wollen oder können anscheinend nicht sehen, wie man wirklich ist.

5. Was müsstet ihr tun, damit ihr mehr Selbstvertrauen bekommt?

Lass die Jugendlichen diese und die nächste Frage im Stillen für sich selbst beantworten.

6. Inwiefern wäre euer Leben anders, wenn ihr ein stärkeres Selbstbild hättet?

Gib den Teens die Chance ein bisschen zu üben, wie man biblische Grundsätze in konkreten Situationen anwenden kann, in denen es um das Selbstverständnis geht. Verteil Kopien von dem Themenblatt *Identitätskrise* (die Vorlage findest du auf den Seiten 75 und 76) und dann such dir jeweils zwei Freiwillige, von denen einer die Person in der Szene spielt und einer sich Ratschläge überlegt, was der oder die andere in Bezug auf das eigene Selbstverständnis tun könnte. Du könntest so anfangen:

Hört mal, eine Freundin von mir, Lena, hat ein ziemliches Problem und ich brauche jetzt jemanden, der ihr einen guten Tipp geben kann. Was genau das Problem ist, steht unter Nummer 7 auf dem Blatt hier.

Der Freund bzw. die Freundin, gespielt von einem aus der Gruppe, gibt Lena nun Ratschläge aus biblischer Sicht und schlägt vielleicht vor, was Jesus in ihrer Situation tun würde.

Nachdem ihr die Situationen durchgespielt habt (je nach Größe eurer Gruppe müsst ihr natürlich nicht alle Szenen nehmen, sondern könnt für euch passende raussuchen), sammelt auch von denen, die keine Rolle gespielt haben, noch Meinungen und Vorschläge.

Die »Light«-Variante

Wenn die Leute in deiner Gruppe nicht so viel mit ernsthaften Rollenspielen anfangen können, versuch mal diese lustigere Fassung:

Setz an die Stelle von Lena bzw. den anderen Personen irgendeinen Gegenstand, z.B. ein Stofftier oder etwas Ähnliches. Gut wäre auch ein (echter) Wellensittich oder ein Hamster im

Käfig. Das Gespräch ist dann zwar gezwungenermaßen ziemlich einseitig, aber auch erheblich lustiger! Unter Umständen fällt es den Teens leichter, auf so eine spielerische Art über die genannten Probleme und ihre Lösungen nachzudenken.

Ein guter Plan

Wenn du mit deiner Truppe einen noch etwas intensiveren Bibelteil machen willst, nehmt euch Jeremia 29,11 vor und sprecht darüber:

*»**Denn ich allein weiß, was ich mit euch vorhabe: Ich, der Herr, werde euch Frieden schenken und euch aus dem Leid befreien. Ich gebe euch wieder Zukunft und Hoffnung.«***

Diese Worte gelten für Christen heute – also für die Teens in deiner Gruppe – genauso wie für das Volk Israel. Überlegt zusammen, was Gott wohl mit seinem Volk heute vorhaben könnte – und wie sich die Tatsache, dass Gott einen Plan für euer Leben hat, auf das eigene Selbstverständnis auswirkt.

Liederwettstreit

Hier ist eine Alternative zu den Rollenspielen – falls ihr Zeit und Lust habt, könnt ihr natürlich auch beides machen! Teil dazu die Jugendlichen in zwei Gruppen ein (Jungs / Mädchen, blaue Augen / braune Augen – egal nach welchem Kriterium).

Gib jeder Gruppe einen Kassettenrekorder und einen (von dir vorher auf Kassette aufgenommenen) Song und dazu den englischen und deutschen Text. Die eine Mannschaft bekommt den Song **Breathe** von den Newsboys, die andere den Bleach-Song **Epidermis Girl** (die Texte sind auf den Seiten 77 bis 80 abgedruckt). Dann erklär den Teens, was sie als Nächstes tun sollen, indem du (sinngemäß) sagst:

Okay, eure Aufgabe ist jetzt, eine Art Werbekampagne für euren Song zu starten – damit er die offizielle Hymne des Tages wird! Ihr habt 15 Minuten Zeit, euch den Song anzuhören und euch den Text genauer anzugucken. Was ihr braucht, sind gute Argumente, warum euer Song besonders geeignet ist. Und denkt dran: Das Thema des Tages ist »Identität«, also sollten eure Argumente auch was mit dem zu tun haben, was der Songtext darüber sagt.

Wenn die beiden Gruppen ihre Plädoyers vorgetragen haben, trifft ein unparteiischer Schiedsrichter oder eine vorher ernannte Jury die Entscheidung, welcher Song gewinnt. Spielt den Siegertitel als Abschluss des Treffens für die ganze Gruppe.

Ruf danach noch mal in Erinnerung, dass wir mit Jesus ein super Vorbild haben, wenn es um Identitätsfragen geht. Gib den Jugendlichen die Aufgabe mit auf den Weg, bei der nächsten problematischen Situation die hier formulierten Strategien auszuprobieren.

Identitätskrise

Was würde Jesus sagen?

Hier sind ein paar Typen, die gerade in einer Identitätskrise stecken. Sie brauchen die Hilfe von guten Freunden (tja, das seid ihr!). Was würde Jesus sagen? Überlegt euch, was ihr in der jeweiligen Situation sagen solltet und was nicht.

1

Tim denkt, die Mädchen würden mehr auf ihn stehen, wenn er sich ein Motorrad kauft, anstatt mit dem »geerbten« Mofa seines älteren Bruders rumzufahren.

2

Jörgs älterer Bruder Stefan war in der Schule megabeliebt – gutes Aussehen, toller Sportler, super Noten. Stefan hat zwar vor zwei Jahren Abi gemacht und Jörg ist mittlerweile selbst in der Oberstufe – aber immer noch wird er dauernd »Stefans kleiner Bruder« genannt.

3

Tina hat ein Lernproblem, das sich inzwischen bei ihren Noten drastisch bemerkbar macht. An ihrer Schule gibt es einen speziellen Förderunterricht, der ihr helfen könnte, aber Tina weigert sich, bei dem »Idiotenkurs«, wie sie es nennt, mitzumachen.

4

Gero ist eigentlich ein netter Kerl, aber er hat das Gefühl, dass er bei seinen Freunden in der Schule nur ankommt, wenn er den Schlägertyp markiert.

5

Ankes Mutter hat ziemliches Übergewicht. Bei einer Aufführung der Theatergruppe in der Schule hat Anke mitbekommen, wie ein paar Schüler mit Fingern auf ihre Mutter gezeigt

75

und gelacht haben – sie wussten natürlich nicht, dass das Ankes Mutter war. Jetzt hat Anke Angst, dass sie es doch irgendwann rauskriegen.

6

Melanies Eltern sind Alkoholiker. Nicht nur, dass Melanie sich für ihre Eltern schämt, sie hat auch noch Angst, selbst Alkoholikerin zu werden.

7

Lena hat schon mit zwölf Jahren angefangen zu kiffen. Im letzten Jahr ist sie von der Schule geflogen, weil man etwas von der Droge bei ihr gefunden hatte. Mittlerweile hat sie eine Therapie gemacht und lässt die Finger von dem Zeug, und auf ihre alte Schule geht sie auch wieder. Das Dumme ist nur: Niemand glaubt ihr, dass sie sich verändert hat. Alle nennen sie nur »Junkie«.

8

Nadjas Familie ist damals aus Bosnien geflohen, und weil der Asylantrag noch nicht durch ist, wohnt sie bis auf weiteres in einem Asylbewerberheim. Ein paar Kids in der Schule ziehen immer über Ausländer her und sagen, dass die Asylanten auf Kosten der Deutschen leben. Deshalb lädt Nadja nie jemanden mit zu sich nach Hause ein.

9

Thomas' Vater hat seine Familie verlassen, als Thomas sechs Jahre alt war. Seitdem kann Thomas es sich gar nicht mehr vorstellen, dass irgendjemand ihn wirklich liebt.

10

Jens' Bruder sitzt im Rollstuhl. Er geht in dieselbe Schule wie Jens, aber es gibt fast nirgendwo Rampen, so dass Jens seinem Bruder immer hilft, von einem Raum in den anderen zu kommen. Jens scheint keine engen Freunde zu haben. Alle sehen in ihm nur den netten Kerl, der seinem Bruder hilft.

Breathe

(Newsboys)

Tuesday the third
I'll call this entry »Mistake«
Cheap imitation
My life feels like a fake
A people person
Some days people annoy me
I'm growing edgy
Wednesday's title: »Avoid me«

Refrain
Breathe on me
Breathe O breath of God
Breathe on me
'Til my heart is new
Breathe on me
Breathe O breath of life
Breathe on me
'Til I love like you do

Thursday, the fifth
I title »Drivers beware«
Tempered-a-mental
I don't really care
I gave till I bled
You laughed when I fainted
Don't want to live this life
Bitter and tainted

By Peter Furler and Philip Urry.
© 1996 Fried Kiwi Publishing / Dawn Treader Music (SESAC).

Atemhauch

Dienstag, der dritte
Ich nenne diesen Eintrag »Fehler«
Mein Leben kommt mir vor wie eine Fälschung
Eigentlich bin ich ein geselliger Typ
Aber an manchen Tagen nerven mich die Leute
Ich werde empfindlich
Die Überschrift für Mittwoch: »Geh mir aus dem Weg«

Refrain
Hauche mich an
Komm, du Atem Gottes
Hauche mich an
Bis mein Herz erneuert ist
Hauche mich an
Komm, du Atem des Lebens
Hauche mich an
Bis ich liebe, wie du es tust

Donnerstag, den fünften
Nenne ich »Vorsicht Autofahrer«
Bin drauf wie ein Irrer
Es ist mir egal
Ich gab, bis ich blutete
Du hast gelacht, als ich ohnmächtig wurde
Ich will dieses Leben nicht
Bitter und vergiftet

Epidermis Girl

(Bleach)

Sweetness whispers nothings in my ear
Nothing is exactly what I hear
With a glaze she gazes into space
Is there nothing more?
There must be something more
I can see that beauty is more than skin
My infatuation leads me to sin
Give me vision past the epidermis girl
Is there nothing more?
There must be something more

Refrain
An eye for an eye, a tooth for a tooth, or a cup of tea for two
An eye for an eye, a tooth for a tooth, or a cup of tea for two

So again we relive the story
The same old story man after man
And we think we're just so wise
Then why can't we get back to the sand

And we search for more, never finding much
Believe like a child believes in love

By Dave Baysinger, Sam Barnhart, Brad Ford, Todd Kirby, and Matt Gingerich.
© 1996 Songs On The Forefront (SESAC).

Epidermis-Mädchen

Süße Worte flüstern Nichtssagendes in mein Ohr
Und das ist auch genau das, was ich höre: nichts
Mit verschleiertem Blick starrt sie ins Nirgendwo
Ist da nicht noch mehr?
Da muss noch etwas sein
Ich kann sehen, dass Schönheit mehr ist als Haut
Meine Leidenschaft verleitet mich zur Sünde
Lass mich hinter das Epidermis-Mädchen sehen
Ist da nicht noch mehr?
Da muss noch etwas sein

Refrain
Auge um Auge, Zahn um Zahn oder Tee für zwei
Auge um Auge, Zahn um Zahn oder Tee für zwei

Also durchleben wir immer wieder die Geschichte
Dieselbe alte Geschichte, einer nach dem anderen
Und wir denken, wir sind so klug
Aber warum finden wir dann unseren Mut nicht wieder

Und wir suchen nach mehr, finden aber nicht viel
Glauben, wie ein Kind glaubt, an die Liebe

5. Treffen

Was bedeutet es, als Christ zu leben?

Wenn irgendjemand im Beisein von Christen das Wort »Evangelisation« fallen lässt, löst das eine Menge unterschiedlicher Assoziationen und Bilder aus. Die »Vier geistlichen Gesetze«; Aufrufe von Zeltpredigern, »nach vorne« zu kommen; vor dem Essen im Restaurant den Kopf zu senken und still zu beten; alles, vom Puppentheater bis zum christlichen Rockkonzert, das die Leute einlullt, damit der Redner anschließend einen geistlichen Frontalangriff starten kann – so oder so ähnlich sehen die Erfahrungen der meisten aus.

Neben diesen aggressiveren Formen der Evangelisation schlägt der Apostel Petrus noch eine sanftere Methode vor: *Seid immer bereit, jedem eine Antwort zu geben, der euch fragt, woher ihr eure Hoffnung habt.*

Soll heißen: Lebe und sei bei deinen Beziehungen und Geschäften so phantasievoll, ehrlich, hilfsbereit und anständig wie möglich. Wenn dann die Frage kommt, warum du etwas tust oder nicht tust, kannst du erklären, dass du versuchst, Gott zum Mittelpunkt und zur Grundlage, wenn nicht der konkreten Sache, so doch deiner Beweggründe und deines ganzen Lebens zu machen.

Der entscheidende Punkt dabei ist natürlich, nicht den Mund zu halten. Egal, ob du von selbst darauf kommst oder eine Frage beantwortest – sag, was Sache ist! Lass die Menschen in deiner näheren Umgebung wissen, was dich antreibt, wer dich liebt und wen du liebst.

Wahrheit oder Pflicht

Spiel mit den Jugendlichen in deiner Gruppe »Wahrheit oder Pflicht«. Einer nach dem anderen werden die Teens gefragt, welches von beiden sie wollen – wer »Wahrheit« wählt, muss eine persönliche und unter Umständen peinliche Frage ehrlich beantworten, wählt jemand »Pflicht«, muss er oder sie eine unter Umständen genauso peinliche Aufgabe erfüllen.

Ein paar Beispiele kannst du hier schon mal als Anregung übernehmen:

Sag die Wahrheit!

● Was ist das peinlichste Outfit, das du jemals in der Schule getragen hast – und warum hast du es angezogen?
● Was ist das Peinlichste, was dir bisher bei einem Date passiert ist?
● Welche Band oder Sänger magst du besonders? Du musst auch die nennen, die jeder andere total ätzend findet!

Tu deine Pflicht!

● Mach einmal den Ententanz vor, mit Singen und allem drum und dran! (Wahlweise auch Makarena, wenn die Jugendlichen das besser kennen.)

- Imitiere 60 Sekunden lang eine Eidechse: Kriech auf dem Bauch, roll mit den Augen – und natürlich musst du auch mit der Zunge Fliegen fangen!
- Leg eine möglichst gute Imitation von Wigald Boning hin (oder von Harald Schmidt oder einem anderen Komiker, den alle kennen) und versuch die anderen zum Lachen zu bringen. Logisch, dass keine Witze unter der Gürtellinie erlaubt sind. Ach ja, und das Ganze so laut du kannst!

Nachdem ihr ein paar Runden gespielt habt, solltest du darauf hinweisen, dass das Leben für einen Christen auch irgendwie ist wie »Wahrheit oder Pflicht«: Bei beiden muss man unerwartete Fragen ehrlich beantworten und auch mal Dinge tun oder sagen, die andere lächerlich finden.

Pantomime mal anders

Wenn du eine Alternative zu »Wahrheit oder Pflicht« suchst, ist diese Pantomime velleicht das Richtige für dich. Sie eignet sich gut, um das Thema »Anderen vom Glauben erzählen« einzuführen. Das Besondere bei dieser Art Pantomime ist, dass den Kandidaten nicht nur verboten ist, etwas zu sagen – sie dürfen außerdem nicht Arme und Hände benutzen! Wenn du dir gute Begriffe bzw. Situationen überlegst, die die Teens darstellen sollen, kann das eine ziemlich witzige Angelegenheit werden.

Hier sind ein paar Dinge, die garantiert ein Lacherfolg werden:

- *Deine Haare brennen*
- *Der Reißverschluss deiner Hose ist offen*
- *Du hast das Gefühl, dir wird schlecht*
- *Etwas hängt aus deiner Nase*

*Auch mit dieser Einstiegsaktion kannst du den Gedanken rü-
berbringen, dass es uns oft schwer fällt, uns auszudrücken,
wenn wir etwas von unserem Glauben erzählen sollen.*

Der Grund ist . . .

1. Petrus 3,15-16

*Christus allein ist der Herr; haltet ihn heilig in euren Herzen
und weicht vor niemand zurück! Seid immer bereit, Rede und
Antwort zu stehen, wenn jemand fragt, warum ihr so von
Hoffnung erfüllt seid. Antwortet taktvoll und bescheiden und
mit dem gebotenen Respekt.*

Bitte einen oder eine aus deiner Gruppe, die beiden Verse aus
1. Petrus vorzulesen. Überlegt kurz zusammen, von was für einer Art Hoffnung hier die Rede ist. Sammelt ein paar Beispiele
von Fragen, die den Jugendlichen schon über ihren Glauben ge-
stellt wurden. Wenn du mit deinen eigenen Erfahrungen an-
fängst, fällt es den anderen leichter, auch was beizusteuern.

Teil die Teens dann in drei Gruppen auf und gib jeder Gruppe
die Kopie eines der Themenblätter auf den Seiten 96 bis 98 *Sag
mir den Grund?* Gib ihnen ein paar Minuten Zeit, die folgende
Frage zu beantworten:

**Wie hätte das Ende der Szene wohl ausgesehen, wenn die
Person in der Geschichte besser darauf vorbereitet gewesen
wäre, einen Grund für ihren Glauben zu nennen – also
»Rede und Antwort« zu stehen?**

Tauscht anschließend eure Antworten aus. Dabei solltet ihr nicht zu sehr ins Detail gehen, weil die drei Szenen später noch mal auftauchen.

Jetzt erinnere die Jugendlichen an ihr »What would Jesus do«-Buch (eventuell ist es notwendig, dass sie noch mal einen Blick hineinwerfen um ihr Gedächtnis aufzufrischen):

Wie viele der beschriebenen Situationen der letzten Woche hätten anders verlaufen können, wenn die Christen in den jeweiligen Szenen besser vorbereitet gewesen wären, einen Grund für ihren Glauben zu nennen – für sich selbst und für die Leute, die danach gefragt haben?

Überleitung

Als Überleitung zum Bibelteil können die, die das wollen, wieder etwas aus ihren Notizen vorlesen – wenn es passt und die Gruppe dafür offen ist.

Erkennungszeichen

So kannst du schnell eine Diskussion über christlichen Lebensstil – also: das zu tun, was Jesus tun würde – in Gang bringen. Stell den Jugendlichen als Erstes die Frage: **Woran erkennt man einen Bayern-Fan? oder: Woran erkennt man einen Deutschen im Ausland?** *Dabei kommt es auf schnelle und spontane Antworten an – lass ruhig alle durcheinander rufen, welche Merkmale ihnen einfallen. Dabei sind negative wie positive Eigenschaften gefragt.*

Schieb noch ein paar Fragen hinterher, z.B.: **Woran erkennt man Großeltern? Woran erkennt man einen Polizisten?**

*Als Letztes stell die Frage:**Woran erkennt man einen Christen?** Merk dir möglichst viele von den Merkmalen, die hier genannt werden, du kannst sie zu einem späteren Zeitpunkt gut gebrauchen.*

Die drei »Top-Punkte«

Wenn wir wirklich wissen wollen, was Jesus in Situationen wie den oben schon kurz behandelten tatsächlich tun würde (oder in solchen, wie Mike Yaconelli sie beschreibt oder wie wir sie selbst erleben), dann sollten wir erst mal herausfinden, was Jesus gesagt hat – vor allem über das Leben als Christ. Eine Möglichkeit, wie ihr das machen könnt, ist diese: Verteil Karteikarten oder Zettel an die Jugendlichen und gib ihnen dann folgende Aufgabe:

Schreib die drei Dinge (Tätigkeiten, Einstellungen o.ä.) auf, von denen du meinst, dass sie für ein Leben als Christ am wichtigsten sind.

Sammle die Zettel nach ein paar Minuten ein und lies die (anonymen) Antworten vor. Du kannst davon ausgehen, dass Beten, Bibellesen und Nächstenliebe von irgendjemand aufgeschrieben wurden. Diese drei Punkte sollen im folgenden Teil auch im Mittelpunkt stehen.

Für die nächste Aktion brauchst du wieder die drei Gruppen von vorher. Diesmal bekommt jede Gruppe eins der Themenblätter *Die drei »Top-Punkte«* (die Kopiervorlagen findest du auf den Seiten 90 bis 95). Auf ihrem Blatt finden die Teens Bibeltexte und dazu drei Fragen – letztere sind übrigens im Prinzip für alle drei Gruppen gleich, nur jeweils auf ein anderes Thema bezogen:

Top-Punkt Beten
(Matthäus 6,1-15; Epheser 6,18; Philipper 4,6-7):

● Welche Rolle spielt das Beten im Leben eines Christen?
● Beschreibt das Gebet, das Jesus uns als Vorbild gegeben hat!
● Wie kann das Beten einem Christen helfen, der nach dem Grund für seine Hoffnung gefragt wird oder der seinen Glauben verteidigen muss?

Top-Punkt Bibel
(Lukas 8,4-15; Römer 15,4; 2. Timotheus 3,16-17):

● Welche Rolle spielt das Bibellesen im Leben eines Christen?
● Beschreibt die Einstellung, die Jesus zu den Schriften des Alten Testaments hatte!
● Wie kann das Bibellesen einem Christen helfen, der nach dem Grund für seine Hoffnung gefragt wird oder der seinen Glauben verteidigen muss?

Top-Punkt Nächstenliebe
(Johannes 13,34-35; Johannes 15,9-17):

● Welche Rolle spielt die Nächstenliebe im Leben eines Christen?

- Beschreibt, wie Jesus uns in Sachen Nächstenliebe ein Vorbild gewesen ist!
- Wie kann die Nächstenliebe einem Christen helfen, der nach dem Grund für seine Hoffnung gefragt wird oder der seinen Glauben verteidigen muss?

Tragt eure Ergebnisse nach ein paar Minuten zusammen und sprecht darüber. Mach den Teens Mut Fragen zu stellen, wenn ihnen etwas nicht klar ist, und zu sagen, wenn sie mit irgendwas nicht einverstanden sind.

Werbeunterbrechung

Wenn ihr noch ein bisschen Zeit habt, kannst du hier noch ein kreatives Element einbauen. Fordere die Gruppen auf, Werbung für ihren Top-Punkt zu machen, also die erste Gruppe für das Gebet, die zweite für die Bibel und die dritte für die Nächstenliebe. Werbesprüche und Ähnliches dürfen dabei ruhig von Fernsehwerbung oder Plakaten abgeguckt werden, aber tolle eigene Ideen sind natürlich erst recht gefragt! Wichtig ist, dass Anregungen zu den jeweiligen Themen rüberkommen. Gib den Gruppen etwa zehn Minuten Zeit, um sich etwas auszudenken und ihren »Werbespot« anschließend den anderen vorzuspielen.

Glaube mit Grund

Lass die Jugendlichen, solange sie in den kleineren Gruppen sind, noch einmal ihre Themenblätter *Sag mir den Grund?* (Seiten 96 bis 98) ansehen – diesmal mit der Perspektive, was

Jesus in der jeweiligen Situation tun würde. Dabei soll mindestens einer der drei »Top-Punkte« (Beten, Bibellesen, Nächstenliebe) mit einbezogen werden.

Nachdem ihr die Ergebnisse zusammengetragen habt – wenn die Teens wollen, auch wieder als Rollenspiel –, sprecht darüber, inwiefern die Tatsache, dass die Personen den Grund für ihre Überzeugung sagen konnten, ihnen in der Situation geholfen hat.

Abschließen kannst du das Treffen mit einer Frage, die jeder als Anregung mitnehmen und für sich beantworten kann:

Welche drei Dinge brauchst du oder solltest du tun, um besser vorbereitet zu sein, wenn jemand nach dem Grund für deine Hoffnung fragt oder du deinen Glauben verteidigen musst?

Mach den Jugendlichen noch mal Mut, diese Dinge auch wirklich in Angriff zu nehmen und so für mögliche Fragen oder Herausforderungen besser gerüstet zu sein.

Top-Punkt Beten

(Matthäus 6,1-15; Epheser 6,18; Philipper 4,6-7)

Lest die Bibeltexte und beantwortet dann die folgenden Fragen:

● Welche Rolle spielt das Beten im Leben eines Christen?

● Beschreibt das Gebet, das Jesus uns als Vorbild gegeben hat!

● Wie kann das Beten einem Christen helfen, der nach dem Grund für seine Hoffnung gefragt wird oder der seinen Glauben verteidigen muss?

Betet nicht wie die Heuchler! Sie bleiben gern in den Synagogen und an den Straßenecken stehen, um zu beten. Jeder soll es sehen. Ich sage euch: Sie haben von Gott nichts zu erwarten. Wenn du beten willst, gehe in dein Zimmer, schließe die Tür hinter dir zu, und bete zu deinem Vater. Und dein Vater, der selbst deine geheimsten Gedanken kennt, wird dich erhören.

Leiere deine Gebete nicht herunter wie Leute, die Gott nicht kennen. Sie meinen, Gott würde schon antworten, wenn sie nur viele Worte machen. Nein, euer Vater weiß genau, was ihr braucht, noch ehe ihr ihn um etwas bittet.

Ihr sollt deshalb so beten:

»Unser Vater im Himmel! Dein heiliger Name soll geehrt werden. Richte bald deine Herrschaft bei uns auf. Lass deinen Willen hier auf der Erde geschehen, wie er im Himmel geschieht. Gib uns auch heute wieder, was wir zum Leben brauchen. Vergib uns unsere Schuld, wie wir denen vergeben, die uns Unrecht getan haben. Bewahre uns davor, dass wir dir untreu werden, und befreie uns vom Bösen. Denn dir gehören Herrschaft, Macht und Ehre für alle Zeiten. Amen!«

Euer Vater im Himmel wird euch vergeben, wenn ihr den Menschen vergebt, die euch Unrecht getan haben. Wenn ihr ihnen aber nicht vergeben wollt, dann wird euch Gott eure Schuld auch nicht vergeben. **(Matthäus 6,5-15)**

Hört nie auf, zu bitten und zu beten! Gottes Heiliger Geist wird euch dabei leiten. Bleibt wach und bereit. Bittet Gott inständig für alle Christen in der Welt. **(Epheser 6,18)**

Macht euch keine Sorgen! Ihr dürft Gott um alles bitten. Sagt ihm, was euch fehlt, und dankt ihm! Gott wird euch seinen Frieden schenken, den Frieden, der all unser Verstehen, all unsere Vernunft übersteigt, der unsere Herzen und Gedanken im Glauben an Jesus Christus bewahrt. **(Philipper 4,6-7)**

Top-Punkt Bibel

(Lukas 8,4-15; Römer 15,4; 2. Timotheus 3,16-17)

Lest die Bibeltexte und beantwortet dann die folgenden Fragen:

● Welche Rolle spielt das Bibellesen im Leben eines Christen?

● Beschreibt die Einstellung, die Jesus zu den Schriften des Alten Testaments hatte!

● Wie kann das Bibellesen einem Christen helfen, der nach dem Grund für seine Hoffnung gefragt wird oder der seinen Glauben verteidigen muss?

Vor einer großen Menschenmenge – aus allen Städten waren die Leute gekommen – erzählte Jesus dieses Gleichnis:

»Ein Bauer säte auf seinem Feld Getreide aus. Dabei fielen einige Körner auf den Feldweg. Sie wurden zertreten und von den Vögeln aufgepickt. Andere Körner fielen auf felsigen Boden. Sie gingen auf, aber weil es nicht feucht genug war, vertrockneten sie. Einige Samenkörner fielen zwischen die Disteln, in denen die junge Saat bald erstickte. Die übrigen Körner fielen auf guten Boden. Das Getreide wuchs heran, und der Bauer brachte eine reiche Ernte ein. Hört auf das, was ich euch sage!«

Später fragten ihn seine Jünger, was er mit diesem Gleichnis sagen wollte. Jesus antwortete ihnen: »Ihr könnt die Geheimnisse des Reiches Gottes verstehen. Zu allen anderen rede ich in

*Gleichnissen, damit sie nichts erkennen, obwohl sie sehen kön-
nen, und nichts verstehen, obwohl sie hören.*

*Euch aber will ich das Gleichnis erklären: Das Samenkorn ist
Gottes Wort. Der Feldweg ist ein Beispiel für Menschen, die
Gottes Wort gehört haben. Aber dann kommt der Satan und
nimmt das Wort aus ihren Herzen, damit sie nicht glauben und
gerettet werden.*

*Der felsige Boden soll auf Menschen hinweisen, die das Wort
Gottes hören und bereitwillig aufnehmen. Aber alles bleibt an der
Oberfläche. Eine Zeit lang sind sie begeistert, doch sobald sie
wegen ihres Glaubens in Schwierigkeiten kommen, geben sie auf.*

*Wie der Same, der zwischen die Disteln fiel, sind Menschen,
die Gottes Wort hören, bei denen aber alles beim Alten bleibt.
Denn die Sorgen des Alltags, die Verführung durch den Wohl-
stand und die Jagd nach den Freuden dieses Lebens ersticken
jeden Glauben.*

*Aber es gibt auch fruchtbaren Boden. Das sind die Menschen,
die das Wort bereitwillig und aufrichtig annehmen. Es kann in ihnen wachsen und reiche Frucht bringen.«* **(Lukas 8,4-15)**

*Und aus dem, was in der Heiligen Schrift vorausgesagt wurde,
sollen wir lernen. Ermutigt und getröstet durch Gottes Wort,
können wir an der Hoffnung auf Gottes kommendes Reich festhalten.* **(Römer 15,4)**

*Denn die ganze Heilige Schrift ist von Gottes Geist eingegeben.
Sie lehrt uns, die Wahrheit zu erkennen, unsere Schuld einzuse-
hen, uns von Grund auf zu ändern und so zu leben, dass wir vor
Gott bestehen können. Sein Wort zeigt uns, wie wir als verän-
derte Menschen fähig werden, in jeder Beziehung Gutes zu tun.*
(2. Timotheus 3,16-17)

93

Top-Punkt Nächstenliebe

(Johannes 13,34-35; Johannes 15,9-17)

Lest die Bibeltexte und beantwortet dann die folgenden Fragen:

● Welche Rolle spielt die Nächstenliebe im Leben eines Christen?

● Beschreibt, wie Jesus uns in Sachen Nächstenliebe ein Vorbild gewesen ist!

● Wie kann die Nächstenliebe einem Christen helfen, der nach dem Grund für seine Hoffnung gefragt wird oder der seinen Glauben verteidigen muss?

Heute gebe ich euch ein neues Gebot: Ihr sollt einander lieben, so wie ich euch geliebt habe. An eurer Liebe füreinander wird die Welt erkennen, dass ihr meine Jünger seid. (**Johannes 13,33-35**)

Wie mich der Vater liebt, so liebe ich euch. Bleibt in meiner Liebe! Wenn ihr meinen Geboten gehorcht, bleibt euch meine Liebe erhalten. Auch ich bin den Geboten meines Vaters gehorsam und lebe in seiner Liebe. Das alles sage ich euch, damit meine Freude euch ganz erfüllt und eure Freude dadurch vollkommen wird. Und so lautet mein Gebot: Ihr sollt einander so lieben, wie ich euch geliebt habe.

Die größte Liebe beweist jemand, der sein Leben für die Freunde hingibt. Und ihr seid meine Freunde, wenn ihr tut, was ich euch aufgetragen habe. Ich nenne euch nicht mehr Knechte; denn einem Knecht sagt der Herr nicht, was er vorhat. Ihr aber seid meine Freunde; denn ich habe euch alles gesagt, was ich vom Vater gehört habe. Nicht ihr habt mich erwählt, sondern ich habe euch zu mir gerufen, damit ihr hingeht und Frucht bringt, die bleibt. Dann wird euch der Vater alles geben, worum ihr ihn in meinem Namen bittet. Deshalb sage ich euch noch einmal: Ihr sollt einander lieben!« **(Johannes 15,9-17)**

Sag mir den Grund!

Alex

Alex ist vor einigen Monaten Christ geworden. Seine Familie hat mit Glauben allerdings gar nichts am Hut. Nun versucht Alex seinen Eltern zu zeigen, dass sein Leben sich verändert hat. Er hat sich ein paar CDs mit christlicher Rockmusik gekauft, er geht sonntags zum Gottesdienst und hilft auch öfter im Haushalt mit. Und mit den Typen, die in der Schule immer die Kleinen schikanieren, will er auch nichts mehr zu tun haben. Seit neuestem trägt er sogar ein T-Shirt mit einem Fisch-Logo und einem Bibelvers drauf.

Das Dumme ist nur, dass seine Eltern scheinbar nichts davon mitgekriegt haben. Sie sind in ihrem Familienbetrieb ziemlich eingespannt, vielleicht fällt es ihnen deshalb nicht auf – oder sie haben sich einfach nichts anmerken lassen. Bis gestern. Denn gestern hat Alex einen dringenden Anruf von einem Geschäftskunden entgegengenommen. Und da sollte Alex sagen, sein Vater sei nicht da. Die Firma schuldete dem Kunden nämlich noch eine Menge Geld. Aber Alex hat sich geweigert zu lügen – das sei gegen seinen Glauben.

Da sind Alex' Eltern richtig ausgerastet. »Das ist mir ja eine schöne Kirche, die Kinder gegen ihre eigenen Eltern aufhetzt!«, hat sein Vater gebrüllt.

Alex hat dann versucht zu erklären, dass Jesus zu seinen Jüngern gesagt hätte, sie müssten ihre Eltern hassen, aber das hat die Sache natürlich nur noch schlimmer gemacht. Jetzt ist Alex' Mutter davon überzeugt, dass ihr Sohn irgendeiner Sekte angehört, und sein Vater ist total sauer auf ihn.

Alex weiß nicht mehr, was er tun soll.

Sag mir den Grund!

Lisa

Lisa war als Einzige aus ihrer Familie zu Hause, als plötzlich zwei Zeugen Jehovas vor der Tür standen. Einer der beiden Männer fragte Lisa, ob sie in der Bibel lesen würde, und da wusste Lisa schon, worauf sie hinauswollten. Doch sie wollte nicht unhöflich sein und ihnen die Tür vor der Nase zuschlagen, deshalb sagte sie nur: »Also, ich bin Christin. Ich gehöre zu der freikirchlichen Gemeinde in der Bauerstraße.«

»Das ist aber schön«, sagte der Mann und lächelte. »Dann könnten wir uns ja über ein paar Dinge unterhalten. Wir haben da auch noch etwas anderes sehr Interessantes zum Lesen.«

Was soll ich jetzt tun?, überlegte Lisa. *Sie wollen mir irgendetwas über ihren Glauben sagen. Sollte ich da nicht auch was über meinen erzählen?*

»Es dauert auch nicht lange«, sagte der ältere der Männer, der bisher geschwiegen hatte.

Aber was ist, wenn ich auf ihre Fragen keine Antwort weiß?, dachte Lisa. *Oder wenn ich etwas Falsches sage und sie merken es?*

»Ich darf keine Leute reinlassen«, sagte sie schnell und schloss die Tür.

Sag mir den Grund!

Sandra

Tom drehte sich zu Sandra um – sein Blick war düster. »Übrigens: Von deinem Gott und all dem Gerede über Glauben und so will ich in Zukunft nichts mehr hören, kapiert?«

»Was ist denn los?« Sandra versuchte, locker zu klingen.

»Du hast gesagt, du hättest für meinen Vater gebetet.«

»Das hab ich auch! Sogar mit der ganzen Jugendgruppe.«

»Und warum ist er dann letzte Nacht gestorben?«, fragte Tom, während er nur mühsam die Tränen zurückhalten konnte. »Kannst du mir das mal sagen?«

»Mensch, das tut mir echt Leid …«, fing Sandra an.

»Ich will kein Mitleid!«, fauchte Tom sie an. »Ich will, dass du endlich zugibst, dass diese Beterei überhaupt nichts bringt!«

»Aber das stimmt nicht!«, protestierte Sandra.

»Ach so? Und wann hat Gott das letzte Mal eins deiner Gebete erhört?«

Die Frage kam für Sandra völlig überraschend. »Also …«

»Das dachte ich mir«, sagte Tom. »Kapier's endlich – wenn's einen Gott da oben gibt, dann interessiert er sich mit Sicherheit nicht für uns.«

6. Treffen

W W J D

Ein Experiment mit Folgen

Dieses Treffen könntest du auch mit der Überschrift »Eben-Eser« versehen. Das ist ein Begriff, der aus einer Geschichte im Alten Testament stammt (sie steht in 1. Samuel 7,7-13). Damals schlug Israel mit Gottes Hilfe die Philister bei Mizpa, und der Prophet Samuel richtete einen Stein auf und gab ihm den Namen Eben-Eser, was auf Hebräisch so viel heißt wie: »Bis hierher hat der Herr geholfen!«

Der Stein war eine Gedenkstätte, eine Gedächtnisstütze sozusagen. Er erinnerte die Israeliten jedes Mal, wenn sie dort vorbeikamen, daran, dass Gott ihrer Armee einmal an genau dieser Stelle geholfen hatte. Auch wenn Gott danach lange schweigen sollte (was er oft zu tun schien), konnten die Menschen den Stein angucken und sich erinnern: Okay, im Moment spüren wir vielleicht nichts von Gottes Gegenwart, aber – Gefühle hin oder her – er ist Gott, und er ist unser Gott. Bis hierher hat er uns geholfen.

Mach dieses letzte Treffen zu einem »Eben-Eser« für deine Kids. Ziel ist es, dass sie sich daran erinnern, was sie mit Gott erlebt haben, und diese Erlebnisse »in Stein« hauen. Sie werden eine solche Gedankenstütze in den nächsten entscheidenden Jahren brauchen.

»Total Recall« – die totale Erinnerung

Ziel dieses Treffens ist der Rückblick. Wozu? Um die Jugendlichen noch mal daran zu erinnern, was sie während ihres letzten 30-Tage-Experiments gelernt haben. Also warum nicht als Eröffnung ein Gedächtnisspiel!

Dieses hier dürfte jeder kennen: Setzt euch im Kreis auf den Boden. Einer fängt an und sagt: »Ich packe meinen Koffer und nehme mit: einen …« – ergänzt durch einen Gegenstand, der den gleichen Anfangsbuchstaben hat wie der eigene Vorname. Dani sagt z.B.: »Ich packe meinen Koffer und nehme mit: eine Duschhaube.«

Dann muss der linke Nachbar von Dani den Satz wiederholen und einen eigenen Gegenstand hinzufügen. So geht es immer weiter. Je mehr Gegenstände hinzugefügt werden, desto schwieriger wird es natürlich, sich alles zu merken. Die Anfangsbuchstaben der Vornamen sind dabei zumindest eine kleine Hilfe. Wer einen Gegenstand vergisst, scheidet aus. Es wird so lange gespielt, bis nur noch drei »Sieger« übrig sind.

Im wirklichen Leben

Es wäre schön, wenn du zu diesem Treffen ein paar Gäste einladen könntest, die erzählen, wie sie es hinkriegen, nach dem Vorbild von Jesus zu leben. Das können Erwachsene aus der Gemeinde sein, die z.B. darüber berichten, wie sich ihr Glaube im Beruf auswirkt. (Wenn du so etwas besorgen kannst, sind auch Interviews mit Sportlern oder anderen bekannten Leuten, die Christen sind, eine Möglichkeit.)

Feedback

Jetzt willst du natürlich wissen, was bei den Jugendlichen von ihrem 30-Tage-Experiment hängen geblieben ist – vor allem, ob und wie es ihr Denken, ihr Reden und ihr Handeln verändert hat. Für den Anfang sind einfache Fragen das Beste, z.B.:

● **Was hat euch von dem, was ihr in den 30 Tagen erfahren habt, am meisten überrascht?**

● **Wie ernst habt ihr das Experiment genommen?**

Dann kannst du ruhig ein bisschen direkter werden und die Jugendlichen herausfordern, etwa so:

● **Jetzt mal ehrlich: Habt ihr eigentlich überhaupt was von dem behalten, was ihr in den letzten 30 Tagen gelesen habt?**

Versuch die Teens so bei ihrer Ehre zu packen und sie so weit zu bringen, dass sie sich einem kleinen Test stellen – »nur um zu sehen, ob ihr wirklich noch so viel wisst, wie ihr behauptet.« Wenn die Gruppe einverstanden ist, zeig auf einen Teilnehmer und frag:

● **Was würde Jesus tun, wenn er in der Schule von einem Mitschüler (z.B. einem Skinhead) bedroht würde?**

Stell die Antwort anschließend zur Diskussion. Sind alle der gleichen Meinung? Ist jemand mit der Antwort nicht einverstanden, frag ihn oder sie nach einem besseren Vorschlag.

Wenn du an den Antworten merkst, dass die Leute wirklich bei der Sache sind, kannst du noch ein paar Fragen stellen, z.B.:

- Was würde Jesus tun, wenn seine engsten Freunde sich nur noch für Parties, Sex und Drogen interessieren würden?
- Was würde Jesus tun, wenn jemand in der Schule das Gerücht verbreiten würde, Jesus sei schwul?
- Was würde Jesus tun, wenn sein Vater seinen Job verloren hätte und seine Mutter nicht arbeiten könnte?

Du solltest bei diesem Quiz übrigens darauf achten, dass es locker zugeht. Die Jugendlichen dürfen nicht das Gefühl bekommen, dass sie sich mit einer »falschen« Antwort lächerlich machen. Trotzdem kannst du bei dieser Gelegenheit ein bisschen heraushören, wie viel die Teilnehmer aus ihrem 30-Tage-Experiment tatsächlich mitgenommen haben.

Musik-Tipp

*Verteil Kopien von dem Song **Consequences** von der Gruppe Considering Lily (Seite 110 bis 111) an alle. Dann spiel das Stück vor (wie alle anderen ist auch dieser Song auf der WWJD-CD) und sag den Teens, dass sie besonders darauf achten sollen, inwiefern der Text zu den vergangenen 30 Tagen passt.*

Sprecht kurz darüber, was es für Konsequenzen hat, wenn man sich in jeder Situation fragt: »Was würde Jesus tun?« Anschließend überlegt, was es für Konsequenzen hat, wenn man sich diese Frage nicht stellt, bevor man etwas Wichtiges entscheidet oder tut.

Fernziel: Vollkommenheit

Such dir (am besten schon vor dem Treffen) zwei Freiwillige, die diesmal den Bibelteil übernehmen. Dafür brauchen sie eine Kopie von dem Themenblatt *Was für ein Typ!* (Die Vorlage findest du auf Seite 106 und 107.) Wie sie sich das Ganze aufteilen – also ob einer beide Texte liest und der andere das anschließende Gespräch moderiert oder ob sie es anders machen –, solltest du ihnen selbst überlassen.

Signalisier den beiden, dass du als »Berater« zur Verfügung stehst, wenn sie z.B. mit einer kniffligen Frage nicht weiterkommen.

Ansonsten lass die Gruppe einfach machen!

Ein praktischer Abschluss

Lass die Leute sich in Zweiergruppen zusammentun und gib ihnen eine Kopie von dem Themenblatt *Ganz normale Typen*, wobei jedes Zweierteam nur eine der dort aufgelisteten Situationen bearbeiten soll. (Am besten teilst du die Punkte der Reihe nach zu und fängst dann vorne wieder an, wenn deine Gruppe aus mehr als 20 Teens besteht.)

Die Aufgabe der Zweierteams ist, zwei Rollenspiele à 30 Sekunden vorzubereiten. Einer spielt dabei die Person, die auf dem Themenblatt genannt ist, der oder die andere spielt sich selbst. Die erste Fassung soll zeigen, wie die Reaktion aussehen könnte, wenn man sich nicht fragt, was Jesus tun würde. In der zweiten Version soll die »What would Jesus do«-Frage berücksichtigt werden.

Wenn alle ihre Szenen vorgestellt haben, gib den Teilnehmern die Gelegenheit, ihre Meinung dazu zu sagen und eventuell noch Verbesserungsvorschläge zu machen.

Zum Schluss dieses Treffens – und des 30-Tage-Experiments – ist es wichtig, den Teens eine besondere Form der Ermutigung mitzugeben. Das kann ein besonderer Gottesdienst sein (siehe unten im Kästchen) oder auch ein spezielles Segensgebet, das du für jeden zum Mitnehmen aufgeschrieben hast und in dem den Jugendlichen Kraft und Mut zugesprochen werden, weiter nach dem Vorbild von Jesus zu leben. Vielleicht hast du auch eine andere Idee, wie du deiner Gruppe Mut machen kannst.

Egal, womit man dieses Treffen abschließt – die Jugendlichen sollen vor allen Dingen einen Gedanken mitnehmen: Das Experiment »What would Jesus do« kann zu einem spannenden Abenteuer werden, das nie aufhört.

Ein WWJD-Gottesdienst – von Teens für Teens

Eine super Aktion, mit der du das Experiment zusammen mit deiner Gruppe abschließen kannst, ist ein Gottesdienst, bei dem die Teens alles selber machen – planen, organisieren und feiern! So ein Gottesdienst macht einige Arbeit – vor allen Dingen für die, die ihn vorbereiten – aber es ist die Sache wert. Ihr könnt den Gottesdienst im Rahmen eurer Gruppe veranstalten, aber besonders schön wäre es, wenn ihr einen richtigen Gemeindegottesdienst gestaltet. Das wäre nämlich eine gute Gelegenheit, die Gemeinde für eure »What would Jesus do«-Aktion zu begeistern. Außerdem könnten die Jugendlichen ihre Freunde dazu einladen. (Wichtig ist, dass du so früh wie möglich mit dem Pastor bzw. der Gemeindeleitung klärst, ob und wann ein solcher Gottesdienst möglich ist.)

Deine Aktivität bei der Vorbereitung sollte sich in jedem Fall darauf beschränken, den Überblick zu haben, welche Aufgaben zu verteilen sind und welche Dinge bedacht werden müssen. Einige aus der Gruppe sollen sich um die Musik kümmern, ein anderes Team ist für eine kurze Ansprache verantwortlich. Eine dritte Teilgruppe übernimmt die Lesung und was sonst zur Gottesdienstliturgie gehören soll.

Die einzige Vorgabe bei der Planung ist, dass jedes Gestaltungselement auf irgendeine Weise etwas mit dem Thema »What would Jesus do?« zu tun haben soll. (Was genau im Gottesdienst vorkommt, hängt natürlich auch von dem Rahmen ab, also davon, ob man es mit WWJD-Insidern zu tun hat oder das Grundsätzliche noch erklären muss.)

Was für ein Typ!

Vollkommen ...

Ihr aber sollt so vollkommen sein wie euer Vater im Himmel.
(Matthäus 5,48)

● Okay, was meint ihr, bedeutet das wirklich? Erwartet Jesus – er hat das nämlich gesagt – tatsächlich von uns, dass wir genauso perfekt sind wie er und Gott? Begründet eure Antwort!

● Wenn ihr die erste Frage mit Nein beantwortet habt, was meint ihr, was Jesus *dann* von uns erwartet?

● Was sind die Vor- und Nachteile, wenn man versucht, jemandem nachzueifern, der vollkommen ist?

● Wir gehen mal davon aus, dass Jesus, weil Gott vollkommen ist, auch vollkommen ist. Was bedeutet das wohl für uns, wenn wir uns in einer bestimmten Situation die Frage stellen: »Was würde Jesus tun?«

... und erniedrigt

Orientiert euch an Jesus Christus: Obwohl er Gott in allem
gleich war und Anteil an Gottes Herrschaft hatte, bestand er
nicht auf seinen Vorrechten. Nein, er verzichtete darauf und
wurde rechtlos wie ein Sklave. Er wurde wie jeder andere
Mensch geboren und lebte als Mensch unter uns Menschen. Er
erniedrigte sich selbst und war Gott gehorsam bis zum Tod, ja,
bis zum schändlichen Tod am Kreuz. **(Philipper 2,5-8)**

● Welche Einstellung von Jesus sollen wir nach Meinung des
  Verfassers übernehmen?

● Wie hat Jesus sich erniedrigt? Und inwiefern sollen wir es
  tun?

● Wie würde sich euer Leben ändern – also euer Denken, eure
  Einstellung, euer Verhalten –, wenn ihr euch erniedrigen würdet, wie Jesus es getan hat?

● Wenn wir die Einstellung von Jesus hätten, wie könnte uns
  das dabei helfen herauszufinden, was er in einer bestimmten
  Situation tun würde?

Ganz normale Typen

Hier sind ein paar Leute aufgezählt, mit denen ihr fast jeden Tag etwas zu tun habt, über die ihr nachdenkt oder von denen ihr irgendetwas hört. Die Aufgabe ist eigentlich ganz einfach: Was würde Jesus für diese Menschen tun? Überlegt euch eure Antworten gut – sie könnten euer Leben verändern!

Und übrigens – keine ungenauen Sätze bitte (wie: »Jesus würde ihm seine Liebe zeigen.«)! Strengt euch an und überlegt ganz konkrete Dinge, die man für diese Leute tun könnte.

Was würde Jesus tun für ...

- den Außenseiter in deiner Klasse?

- deine Eltern?

- den Lehrer, den du nicht ausstehen kannst?

- deinen Freund, der kein Christ ist und auch keiner werden will?

● deinen Bruder oder deine Schwester, die dich nerven?

● jemanden, den du kennst, der kürzlich etwas richtig Schlim-
mes erlebt hat?

● deinen schlimmsten Feind in der Schule?

● die Familie nebenan?

● die Menschen in dem Altenheim der Stadt?

● den übelsten Typ in deiner Nachbarschaft?

Consequences
(Considering Lily)

You can't do anything, anytime, anywhere
Without thinking about it
There's consequences, consequences

Choices are easily made
Sometimes hard to erase
That's the price we pay for living
Everything's dark when your eyes are closed
Left or right fork in the road
Play with a bomb and it's going to explode
Deeds are dominoes

Refrain
You can't do anything, anytime, anywhere
Without thinking about it
There's consequences, there's no way around it
You can't do anything you want to anytime
Without thinking about it
There's consequences, there's no way around it

Decisions seem like a bore
But they're harder to ignore
Deciding what you're living for
Throttle the moment but the moment dies
Make your own truth but it's all a lie
Try to speed up and find that life
Will pass you by

Up or down, fast or slow
All I know is that the boomerang will circle round
Back to the hand
Where it was thrown

Konsequenzen

Du kannst nicht immer und überall alles tun
Ohne darüber nachzudenken
Es hat Konsequenzen, Konsequenzen

Man trifft schnell eine Wahl
Aber manchmal ist es schwer sie wieder rückgängig zu machen
Das ist der Preis, den wir fürs Leben bezahlen
Alles ist dunkel, wenn du die Augen zumachst
Linke oder rechte Abzweigung
Wenn du mit einer Bombe spielst, dann explodiert sie
Taten sind Dominosteine

Refrain
Du kannst nicht immer und überall alles tun
Ohne darüber nachzudenken
Es hat Konsequenzen, daran geht kein Weg vorbei
Du kannst nicht immer alles tun, was du willst
Ohne darüber nachzudenken
Es hat Konsequenzen, daran geht kein Weg vorbei

Entscheidungen sind vielleicht lästig
Aber sie zu vermeiden ist noch schwieriger
Wenn du dich entscheidest, wofür du leben willst
Du lebst für den Augenblick, aber der Augenblick vergeht
Du schaffst dir deine eigene Wahrheit,
aber es ist alles eine Lüge
Versuch, das Leben schneller zu leben, und du wirst merken
Dass es an dir vorbeirauscht

Hoch oder tief, schnell oder langsam
Alles was ich weiß ist, dass der Bumerang wiederkommt
Zurück in die Hand
Die ihn geworfen hat